CW01655198

LIECHTENSTEIN MUSEUM WIEN
OASEN DER STILLE

Dieses Buch wurde finanziert von

LGT – Die Bank des
Fürstenhauses von Liechtenstein.

LIECHTENSTEIN MUSEUM WIEN

OASEN DER STILLE

DIE GROSSEN LANDSCHAFTSGÆRTEN IN MITTELEUROPA

Herausgegeben von Johann Kräftner

Mit Beiträgen von
Alexandra Hanzl
Stefan Körner
Johann Kräftner
Claudia Lehner-Jobst

LIECHTENSTEIN MUSEUM

INHALT

VORWORT

Natur und Kunst begegneten sich in den Landschaftsgärten auf einzigartige Weise. Ganze Herrschaftsländereien wurden an der Wende vom 18. zum 19. Jahrhundert in diese Paradiese aus zweiter Hand verwandelt, getragen von dem Gedanken, wie das Schöne und das Nützliche einander am besten begegnen könnten. Ob bei der Familie Harrach, den Liechtensteins oder Esterházys: man widmete sich diesem Thema aus einem ganz neuen Blickwinkel heraus, bald wurden die Gärten zu Experimentieranlagen für Entwicklungen in der Landwirtschaft und trugen so entscheidend zum Fortschritt auf diesem Gebiet bei. Die Familie Liechtenstein besass nicht nur die grössten Landschaftsgärten der Zeit, sondern war auch das Kompetenzzentrum für alle Fragen der Pflanzen- und Tierzucht. Ganze Expeditionen wurden ausgestattet, um an neue Samen oder Pflanzenmaterial zu kommen, unter Fürst Johann I. von Liechtenstein waren seine Gärten der wichtigste Lieferant von Pflanzen auch für andere Häuser.
Hier treffen sich Vergangenheit und Gegenwart in einzigartiger Weise und das nachhaltige Handeln dieser Familie lässt sich daran ablesen. Mit der LIECO ist die Familie auch heute wieder in demselben Metier tätig und beliefert ganz Mitteleuropa mit ihren Ballenpflanzen für die Forstwirtschaft. In fast visionärer Weise besinnt sich das Fürstenhaus durch nachhaltiges Wirtschaften auch auf diesem Gebiet seiner historischen Wurzeln.
Mein Dank gilt der Bank des Fürstenhauses, der LGT Group, für die generelle Unterstützung des LIECHTENSTEIN MUSEUM und die Finanzierung des vorliegenden Katalogs im Besonderen sowie der LIECO für ihren geleisteten Beitrag zu dieser Ausstellung. Auch die ELITE GROUP of Fine Art Dealers, die durch ihr Sponsoring die Öffnung des Museums unterstützt, soll an dieser Stelle dankbar genannt werden. Bei den Wiener Stadtgärten bedanke ich mich dafür, dass sie nicht nur die Pflege des Liechtenstein-Gartens in der Rossau seit der Wiedereröffnung des Museums übernommen haben, sondern auch dieses Ausstellungsprojekt im Besonderen fördern.
Allen Leihgebern, den befreundeten Institutionen in den PRIVATE ART COLLECTIONS wie auch den öffentlichen Institutionen, die mit ihren Leihgaben erst die Umsetzung dieser breit gefächerten Schau ermöglichten, sei ebenfalls sehr herzlich gedankt.
Besonderer Dank gebührt auch dem Team von Restauratoren, die dieser Vielzahl von Objekten, die oft seit zwei Jahrhunderten im Schlaf des Vergessens versunken waren, wieder ihren alten Glanz zurückgeben konnten; weiters dem gesamten Team, das für die Umsetzung der Ausstellung verantwortlich zeichnet und das in ganz besonderer Weise herausgefordert worden ist, sowie allen anderen Mitarbeitern, die zur Entstehung dieser Ausstellung beigetragen haben, dem Fürstlichen Hausarchiv, aus dem so manche spannende historische Quelle gehoben werden konnte, und Alexandra Hanzl, die mit mir diese Ausstellung und den Katalog erarbeitet hat.
Mein Dank gilt schliesslich Fürst Hans-Adam II. von und zu Liechtenstein und Fürstin Marie von und zu Liechtenstein, die im Sinne der Tradition des Hauses gerade mit dieser Ausstellung ein Zeichen dafür setzen, was die Pflege von Traditionen nicht nur auf der Ebene des Sammelns, sondern auch des Wirtschaftens bedeuten kann.

Johann Kräftner
Direktor des LIECHTENSTEIN MUSEUM WIEN
und der Fürstlichen Sammlungen Vaduz–Wien

ZURÜCK ZUR NATUR. DIE IDEE DES LANDSCHAFTSGARTENS

Johann Kräftner

Dem verfeinerten Geschmacke unserer Zeit war es vorbehalten, auch in der Gartenkunst vortheilhafte Veränderungen zu treffen, und dabey die Natur wieder in ihre Rechte einzusetzen, die von den Franzosen und Holländern fast ganz daraus war verbannt worden.*

In der 2. Hälfte des 18. Jahrhunderts hatte der formale Garten eine kontinuierliche Entwicklung von mehr als zwei Jahrhunderten hinter sich, die in den grossen, im französischen Stil gestalteten Anlagen im Umkreis der Herrscherresidenzen des Hochbarock gipfelten. Es waren Gärten, die sich der Kunst unterzuordnen hatten, wo Wildwuchs keinen Platz hatte und selbst die Natur – vielleicht viel mehr als die Architektur selbst – in das Kleid eines streng geometrischen Formenkanons schlüpfen musste. Diese Gärten wurden zum Ausdruck der Luxuskultur, von der die herrschenden Häuser getragen wurden, und damit zum Symbol einer Herrschaftsform, die die Aufklärung zu überwinden trachtete.
In England war der französische Barockgarten zum Symbol für absolutistische Tyrannei geworden, der von der Natur definierte Garten emanzipierte sich als Metapher für Offenheit und Freiheit.
Hier setzte die Bewegung des Landschaftsgartens in Zentraleuropa an, die, von England kommend, der Natur ihr Recht auf Wachstum und freie Entfaltung wieder zurückzugeben trachtete. Fiel der Anstoss dazu in England, so war es dann wiederum Frankreich, wo auf der einen Seite die Grundlagen dieser neuen Philosophie kodifiziert wurden, auf der anderen Seite auch die formalen Tendenzen festgeschrieben wurden, die in der Folge Mitteleuropa beeinflussten: Wie eineiige Zwillinge gehören Jean-Jacques Rousseau (1712–1778) und der Landschaftsgarten, der englische Garten in seiner mitteleuropäischen Ausformung, zusammen. Auch für Wien erlangte Rousseau, der hier aufgrund der Zensur für die Leser gar nicht so leicht erreichbar war, ganz besondere Bedeutung: Im Kaiserhaus wie auch beim Adel hatte er seine Bewunderer. Mit Rousseau korrespondierte Karl Graf von Zinzendorf (1739–1813), der um sein Schloss bei Ernstbrunn im niederösterreichischen Weinviertel schon früh eine weitläufige englische Anlage schuf. Zinzendorfs Schilderung des Aufstiegs auf den Kahlenberg (heute Leopoldsberg) 1761 kann als frühe »romantische« Naturbeschreibung aus dem Wiener Raum gelesen werden: »Die Aussicht ist hier charmant, man sieht das Schloss von Pressburg, die Strasse nach Böhmen, ..., die Donau ... und im Süden den Berg der Kamaldulenser mit seinem schönen Wald, Laxenburg, Schönbrunn ... Man sprach über Voltaire, über d'Alembert und Rousseau.«
Die Verehrung der Natur stand hoch im Kurs, auch in Wien. Schon 1758 erschien hier Christian Riegers Werk *Universa Architecturae Militaris Elementa* mit Laugiers Urhütte vor der Silhouette Wiens. Zurück zur Natur, zum Urtümlichen, Bodenständigen wurde zum Slogan. Bald konnte man die Prototypen des einfachen Bauens in den gräflichen, fürstlichen und kaiserlichen Anlagen bewundern und sich dort einem »Landleben« aus zweiter Hand hingeben.
Einen wichtigen Beitrag zur Verbreitung der neuen Ideen leistete die reichlich vorhandene Gartenliteratur. Hier sind vor allem das Werk von William Chambers (1722 oder 1723–1796) *Designs of Chinese Buildings ...* (1757), der die chinesischen Vorbilder verbreitete, Christian Cay Lorenz Hischfelds *Theorie der Gartenkunst* (1779–1785) mit ihren didaktischen Klappseiten, die den Vorher-Nachher-Effekt zelebrierten, Johann Gottfried Grohmanns (1763–1805) 1805–1808 in Leipzig in 60 Lieferungen erschienenes *Ideen-Magazin für Liebhaber von Gärten, englischen Anlagen und für Besitzer von Landgütern ...* sowie Christian Ludwig Stieglitz' *Gemählde von Gärten im neueren Geschmack* (1798) zu erwähnen, die, auch in der fürstlich liechtensteinischen Fideicommissbibliothek vorhanden, sicherlich für die nötigen Inspirationen gesorgt haben.
Stieglitz' Werk zeigte von der durchkomponierten Szenerie einer ganzen Parkanlage über Pagoden, Rundtempel und Moscheen bis zur kleinen Voliere und zur Parkbank alle Elemente, die zur Ausstattung eines Gartens notwendig waren.
1761, dem Jahr der Zinzendorf'schen Tagebuchaufzeichnung, erschien auch Rousseaus Roman *Julie ou la Nouvelle Héloïse*, in dem der Sehnsucht nach dem Ursprünglichen auch ihr grosses literarisches Monument geschaffen worden ist. In Frankreich wird dieser Roman zum Ausgangspunkt der Auseinandersetzung mit dem zeitgenössischen englischen Garten, um gleich auch zu polarisieren: Die Gärten auf der Insel mit ihrer Vielzahl antikisierender Architekturen werden schnell auch als »römische Friedhöfe« abqualifiziert, die mit dem Gedanken des Elysiums, des Sentiments, der Verinnerlichung, die man in den Anlagen anstreben sollte, nichts gemein hätten.
Auch der aufgeklärte Kaiser Joseph II. (1741/1765–1790) konnte sich der Magie Rousseaus nicht entziehen, die Beziehung kulminierte im Besuch des Kaisers unter einem Pseudonym bei dem damals schon alten Philosophen am 25. Mai 1777 in der Rue Plâtrière in Paris. Auf derselben Reise lernte er auch den grossartigen Landschaftsgarten des Marquis René Louis de Girardin (1735–1808) in Ermenonville kennen, wo Rousseau auch starb und der Maler und Architekt Hubert Robert (1733–1808) zwischen 1778 und 1780 die Grabstätte Rousseaus schuf: Auf einer Insel, kreisförmig von Pappeln umstanden, wurde der Sarkophag des Dichters aufgestellt und damit ein allegorischer Topos der Naturverehrung geschaffen.

Kat.-Nr. 14

Kat.-Nr. 15

Kat.-Nr. 17

Kat.-Nr. 18

Kat.-Nr. 16

Ein erster »Klon« dieser Insel ist in Wien-Neuwaldegg im Garten des Feldmarschalls Franz Moritz Graf von Lacy (1725–1801), grosser väterlicher Freund von Fürst Johann I. von Liechtenstein (1760/1805–1836), nachzuweisen. Lacy liess dort kurz nach 1780 auch eine kreisförmige Baumgruppe anpflanzen, die er als »Tombeau de J. J. Rousseau« bezeichnete. »Von Ferne sieht man das Grabmal für J. J. auf einer Anhöhe an Stelle einer Insel«, schreibt Graf Zinzendorf am 21. Mai 1782 in seinem Tagebuch.

Im Erzhaus hatte Joseph II. 1766 mit der Öffnung des kaiserlichen Jagdgebietes des Praters einen ersten entscheidenden Akzent im Hinblick auf die neue Naturverbundenheit gesetzt. Zwar war er nicht vom Ehrgeiz getrieben, hier wirklich eine gestaltete Anlage nach englischem oder französischem Vorbild zu schaffen, konnte mit seiner Entscheidung aber doch den Anstoss zu einer evolutionären, organischen Entwicklung setzen, die den Prater im späten 18. und beginnenden 19. Jahrhundert zu einem Kristallisationspunkt der Auseinandersetzung mit dem Thema Landschaft machte. Heinrich Reinhold (1788–1825) hielt die Natur im Prater in ganzen Serien von Radierungen fest, Ferdinand Georg Waldmüller (1793–1865) schuf dort Ikonen der Landschaftsmalerei des Biedermeier. Die Beliebtheit des Praters als eine der ersten »Freizeitlandschaften« ging im Übrigen so weit, dass sogar der Besuch der sonntäglichen Messe gefährdet schien und Kaiser Joseph II. das ganze Areal »an denen Sonn- und Feyertägen vor 10 Uhr Vormittags ...« wieder sperren liess. Man erobert die Landschaft in ihrer ökologischen

Kat.-Nr. 26

Gesamtheit, man wirtschaftet, erntet, flaniert und geniesst das Leben in den Parks, ohne dass die eine Nutzung die andere gestört hätte.
1775 wurde auch der Augarten als »Allen Menschen gewidmeter Erlustigungs Ort von ihrem Schätzer« dem Volk geöffnet, ohne dass grössere gestalterische Eingriffe erfolgten; auch in Laxenburg ist es erst Kaiser Franz (1768–1835), der intensiver im Sinne eines offen komponierten Landschaftsgartens eingreift. In Schönbrunn bleibt die weitestgehend aus Spolien des Neugebäudes zusammengesetzte, von Johann Ferdinand Hetzendorf von Hohenberg (1733–1816) entworfene Römische Ruine (1775–1780) fast wie ein Fremdkörper im geometrischen Gesamtsystem des Gartens isoliert.
Auf den Kupferstichen, die die Parks darstellen, kreuzen Heuwagen den Weg vor den Schlössern, um die Harmonie des Schönen mit dem Nützlichen zu demonstrieren; die Staffagefiguren sind nicht mehr die in voluminösen Rokokokleidern posierenden Kavaliere, sondern die Gärtner mit ihren Werkzeugen; Arbeit wird geschätzt, Kaiser Franz hatte selbst dieses Handwerk erlernt und fand darin den Ausgleich für sein aufreibendes Leben als Herrscher.
Ihren literarischen Niederschlag hat diese allumfassende Sicht des Wirtschaftens und Lebens in Johann Wolfgang von Goethes (1749–1832) *Wahlverwandtschaften* (1809) und in Österreich, wenn auch sehr spät, in Adalbert Stifters (1805–1868) *Nachsommer* (1857) gefunden. Die Handlung beider Romane ist in eine arkadische Welt der Gegenwart gebettet; bei Goethe werden Anlage und Veränderung des Gartens zur Seelenprojektion der handelnden Figuren, Stifters im *Nachsommer* omnipräsentes »sanftes Gesetz« der Nachhaltigkeit ist der ideale Hintergrund für das Heranwachsen des Protagonisten, vorgetragen in der vollkommensten Prosadichtung in deutscher Sprache, wie Friedrich Nietzsche (1844–1900) befunden hat.
Der Traum von Arkadien, der sich am Anfang der Entwicklung in Jakob Philipp Hackerts (1737–1807) oder Josef Rebells (1787–1828) – Lieblingsmaler von Kaiser Franz – Bildern widerspiegelte, hat in den Landschaftsgärten seine reale Erfüllung gefunden.

* C. L. Stieglitz, *Gemählde von Gärten im neueren Geschmack*, Leipzig 1798

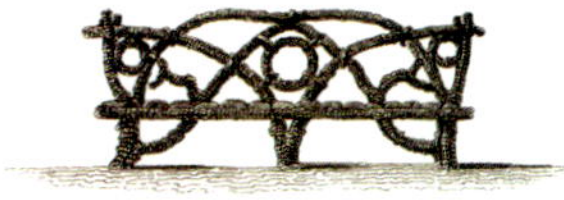

Kat.-Nr. 88

Kat.-Nr. 87

BÆUME, BLUMEN, FRŒCHTE. DER GARTEN ALS VERSUCHSSTATION

Alexandra Hanzl

Wir [die Wissenschaftler] betrachten und schätzen Sie als den Gesandten von Flora höchstpersönlich, der uns die Schätze einer fremden Welt bringt, von der bisher keiner etwas vernommen noch gesehen hat.*

Bereits seit dem Mittelalter wird die Kultivierung von diversen Nutzpflanzen, Wein oder Kräutern in reich illustrierten Pflanzenbüchern beschrieben. Im Laufe der Jahrhunderte unterzog man vor allem den Nutzgarten, wie etwa den Küchengarten, zahlreichen Veränderungen und Verbesserungen, er erlebte schliesslich im 19. Jahrhundert seine Hochblüte. Kataloge von Saatgutlieferanten, die auch immer wieder Neubeschreibungen von Pflanzenarten enthielten, und Werkzeugprospekte trugen wesentlich zu dessen Beliebtheit und Verbreitung bei.
Von jeher dienten Gärten den Menschen nicht nur als Ort der Erholung, sondern vor allem auch als Quelle der Versorgung und Gesundheit. Als *Hortus Botanicus* oder als *Hortus Medicus* hat der Garten als Ort der Wissenschaft eine lange Tradition. Die ältesten botanischen Gärten lassen sich bis knapp vor die Mitte des 16. Jahrhunderts zurückverfolgen. In Italien entstanden kurz nacheinander derartige Einrichtungen in Pisa, Padua und Florenz, die dazu dienten, Heilpflanzen als Anschauungsmaterial für die Ausbildung an den dort angesiedelten Universitäten zu züchten. In Wien wurde Carolus Clusius (1526–1609) bereits 1573 von Kaiser Maximilian II. (1527–1576) mit der Planung eines *Hortus Medicus* beauftragt. Der Grundstein für den heutigen Botanischen Garten am Rennweg – zunächst als Heilpflanzengarten geplant – wurde schliesslich 1754 durch Maria Theresia (1717–1780) gelegt. Zunehmend wandelte sich diese Anlage zum wissenschaftlichen Garten, in dem auch neue Pflanzenarten systematisch aufgearbeitet und beschrieben wurden. Das Sammeln von Pflanzen unter naturkundlichen Aspekten bekam allgemein immer grössere Bedeutung, die damit darüber hinaus verbundene Verfolgung ökonomischer Interessen ging mit der wissenschaftlichen Erforschung neu entdeckter Pflanzenarten einher.
Schon seit Beginn des 16. Jahrhunderts brachte man mediterrane Gewächse wie Oleander, Feigen, Pomeranzen oder Lorbeer über die Alpen nach Mitteleuropa. Ab der zweiten Hälfte des 16. Jahrhunderts erreichten auch Gewächse aus dem Orient, darunter Flieder, Lilien oder Tulpen, sowie aus dem amerikanischen Raum, beispielsweise Mais und Kartoffeln, Europa. Auch die Rosskastanie, oftmals als Futterbaum für das heimische Wild gepflanzt, fand in dieser Zeit Eingang in die Gärten Europas. Durch die immer intensiveren Handelsbeziehungen mit tropischen und subtropischen Ländern im 18. und 19. Jahrhundert sowie durch Forschungsreisen wurde das Angebot an exotischen Pflanzen zunehmend vielfältiger. Seit der ersten Hälfte des 19. Jahrhunderts erforschte man auch die australische Flora.
Mit dem »Blumenkaiser« Franz II. (I.) (1768–1835), der eine besondere Vorliebe für Pflanzen und Gärten hegte und selbst eine gärtnerische Ausbildung genossen hatte, hat die Botanik in Österreich zu Beginn des 19. Jahrhunderts einen besonderen Aufschwung erlebt. Er interessierte sich insbesondere für die Pflanzenzucht, förderte diese und übernahm zeitweilig auch die persönliche Pflege der Bäume und Blumen in dem Glashaus auf der Terrasse der Hofburg. Sein Gartenwerkzeug (Kat.-Nr. 51), der kaiserlichen Bestimmung entsprechend aus handgeschmiedetem Stahl mit Mahagonigriffen gefertigt, legt davon Zeugnis ab. Kaiser Franz ist auch die Einrichtung eines Lehrstuhls für Blumenmalerei an der Akademie der bildenden Künste in Wien sowie die Schaffung der Position eines eigenen »Hofbotanikmalers« zu verdanken. Auch er unterstützte bzw. initiierte – wie bereits sein Vorgänger Kaiser Joseph II. (1741–1790) – Expeditionen in andere Länder, um die vorhandene Pflanzenvielfalt zu vermehren, den Bestand der eigenen Gärten zu erweitern und neue botanische Erkenntnisse über exotische Gewächse zu erhalten. Laxenburg, wo sich Kaiser Franz 1807 mit seiner Familie vor dem grossen Teich porträtieren liess (Kat.-Nr. 90), zählte zu den von ihm sogar persönlich betreuten Gärten. Das grosse, unter ihm in der Nachfolge von Kaiser Joseph II. als Landschaftsgarten umgestaltete Areal enthielt neben heimischen Holzarten diverse fremdländische Gehölze, die sich auch heute noch zu einer lebendigen Einheit verbinden.
Die erfolgreichen Bestrebungen zur Züchtung neuartiger Pflanzenarten am Ende des 18. und zu Beginn des 19. Jahrhunderts wurden wesentlich durch die Entwicklung der modernen Glashausarchitektur unterstützt. Umgekehrt beeinflussten die neuartige Gartengestaltung und das vermehrte Interesse an exotischen Gewächsen wiederum die Weiterentwicklung von der Orangerie zum Glashaus in dieser Zeit.
Zum Teil gemauerte, fest installierte Gewächshäuser wurden erst ab der zweiten Hälfte des 17. Jahrhunderts errichtet. Zuvor überbaute man die nicht winterfesten Pflanzen mit barackenähnlichen temporären Holzkonstruktionen, die nach der kalten Saison wieder vollständig abgeschlagen wurden und deren Standortwahl meist eher zufällig ausfiel. Diese Gebäude wurden in der Regel durch einfache Öfen temperiert. Die vorübergehend angelegten Orangerien enthielten ihrer Bezeichnung nach ursprünglich Kalthauspflanzen, das Sortiment war zunächst ein sehr vielfältiges und nicht nur auf Zitrusfrüchte eingeschränkt: Auch »klassische« mediterrane Pflanzen, wie Granatapfel, Zypresse und Lorbeer, waren für die meist hohe Quantität der Gewächse unterschiedlicher Art

Kat.-Nr. 160

verantwortlich. Die Pflanzeninventare von Orangerien oder Pomeranzenhäusern jener Zeit zeugen auch davon, dass man bestrebt war, möglichst ausgefallene Zitrusarten zu besitzen.
Neben dem grossen Aufwand des Auf- und Abbaus sowie den hohen Heizkosten der temporären Orangerien machte auch die Einführung exotischer und tropischer Pflanzen in baulicher Hinsicht neue, praktikablere Konstruktionen notwendig. Die ersten steinernen Orangeriegebäude, die Ende des 17. Jahrhunderts entstanden und aus einer gemauerten Nordseite für den Schutz vor der Witterung sowie einer gläsernen Südfront mit grossen Fenstern bestanden, erfüllten diese Aufgabe und lösten nach und nach die vorübergehend konstruierten Orangerien ab, sodass diese zu Beginn des 18. Jahrhunderts langsam verschwanden. Auch die Heizsysteme wurden in diesem Zusammenhang verbessert.
Die Gouache *Der Park in Eisgrub mit Badhaus und Vorhalle der Orangerie* (Kat.-Nr. 160) des Malers und Grafikers Ferdinand Runk (1764–1834), der im Auftrag von Fürst Johann I. zwischen 1813 und 1824 kontinuierlich etwa 30 liechtensteinische Besitzungen in Wien, Niederösterreich, Mähren, Böhmen, Kärnten und der Steiermark festhielt, zeigt die Eingangshalle des ursprünglich barocken, später von Joseph Hardtmuth (1758–1816) modernisierten Orangeriegebäudes, das dieser Bauart entspricht. Runks Grafik zeigt uns nicht nur den Porticus der Orangerie, die etwas erhöht über dem grossen Teich lag, sondern auch das Badhaus, die Skulptur *Die drei Grazien* sowie gärtnernde Figuren mit Harke, Rechen, Spitzspaten und Sichel, die die Szenerie beleben.
Die Bedeutung des Lichts, vor allem für die Kultivierung von exotischen Pflanzen und Zitrusgewächsen, wurde noch lange Zeit unterschätzt. Man erkannte schliesslich jedoch, dass ganzjährig temperierte Pflanzenhäuser nötig waren, die den Exoten, die keine winterliche Vegetationsruhe benötigten, das richtige klimatische Umfeld sowie einen hohen Lichteinfall bieten konnten. In der zweiten Hälfte des 18. und vor allem ab dem 19. Jahrhundert ging man aus diesem Grund schrittweise dazu über, die altbewährten Orangeriegebäude abzulösen und stattdessen Eisenkonstruktionen mit Glas zu errichten. Technische Neuentwicklungen und veränderte Produktionsverfahren unterstützten den Prozess. Diese Pflanzen- oder Palmenhäuser, die den Pflegeerfordernissen der nach Europa eingeführten, Wärme liebenden tropischen Pflanzen aus Mittel- und Südamerika entsprachen, erlaubten nun, die Gewächse ganzjährig unter Glas zu kultivieren und sie damit ihren natürlichen Bedingungen entsprechend zu züchten. In Rudolf von Alts (1812–1905) *Innenansicht des Palmenhauses von Schloss Eisgrub* (Kat.-Nr. 194) blickt man ins Innere eines solchen luftigen, allseits von Licht umspülten Glashauses.
In dem 1842 errichteten Glashaus kann sich noch heute das satte Grün der Pflanzen bei idealen Bedingungen das ganze Jahr über entfalten. Exotische Blüten gedeihen prächtig und auch die Fauna, wie die dort befindlichen Schmetterlinge und Zierfische, entdeckt und erobert diesen künstlich geschaffenen Lebensraum. Die im vorliegenden Aquarell vorgeführte Farbenpracht, Fülle und Vielfalt steht in Kontrast zur Funktionalität der Eisen-Glas-Konstruktion. Weisslackierte Bänke, Porzellanhocker, ein Wasserbassin mit Springbrunnen und frei fliegende Vögel wurden bewusst im Eisgruber Palmenhaus eingesetzt, um den Eindruck eines »Gartens Eden« zusätzlich zu verstärken.
Auch im Park des Gartenpalais Liechtenstein befanden sich mehrere Glashäuser, eines davon ist in einer Randvignette des Bezirksplanes Rossau von Karl Graf Vasquez (1798–1861) festgehalten (Kat.-Nr. 85). Dieses war dem Belvedere von Johann Bernhard Fischer von Erlach (1656–1723) vorgelagert und hob sich markant von der barocken Architektur ab. Wenig später wurden links und rechts davon zwei weitere Glashäuser errichtet, noch in den 1870er Jahren folgten darüber hinaus Glashausbauten von Heinrich von Ferstel (1828–1883).
Die Zeit zwischen 1740 und 1840, in der es in der Architektur zur Entstehung eines neuen Bautypus, des Glashauses, kam, brachte auch in der Malerei – vor allem auf dem Gebiet der botanischen Illustrationen – einen wegweisenden Entwicklungsschub mit sich. Diese Zeitspanne, in der sich auch die Botanik als selbständige Naturwissenschaft etablierte, gilt als Blütezeit der Blumenmalerei auch in Wien. Naturforscher des 18. Jahrhunderts, darunter Alexander von Humboldt (1769–1859) und vor allem Carl von Linné (1707–1778), trugen zu einer systematischen Klassifizierung und Ordnung der Botanik bei. Nicht mehr die Einzelpflanze wurde in den Vordergrund gestellt, sondern ganze Pflanzengesellschaften wurden gemäss ihrem natürlichen Vorkommen zusammengesetzt und gegliedert. Nikolaus von Jacquin (1727–1817), der einige Jahre das Amt des Direktors des Botanischen Gartens der Universität Wien und später der Kaiserlichen Gärten von Schloss Schönbrunn bekleidete, war massgeblich an der Einführung dieses Systems im Gebiet der Habsburgermonarchie beteiligt. Die Entwicklung einer neuen Systematik ging mit einem Aufschwung von Pflanzendarstellungen einher. Während die Blumenmalerei in den Jahrzehnten zuvor eher von den Künstlern und Gartenliebhabern Impulse erhalten hatte, begünstigten nun vor allem Exkursionen und Erkundungsreisen, bei denen Künstler die Wissenschafter begleiteten, eine rasante Entwicklung der Blumenmalerei. Mehr und mehr wurde die Reflexion der Natur von der detailreichen Dokumentation der Natur abgelöst.

Kat.-Nr. 194

Der 1760 in Feldsberg (Mähren) geborene und aus einer Künstlerfamilie stammende Ferdinand Lukas Bauer (1760–1826) war in seiner frühen Schaffensphase als Pflanzenmaler für die Fürsten von Liechtenstein tätig. Er übersiedelte bald nach England, bereiste die Levante (*Flora Graeca*) und begleitete mehrere Expeditionen, wo er die ausländische Fauna und Flora festhielt, darunter eine Forschungsreise mit dem englischen Botaniker Robert Brown (1773–1858) nach Australien (Kat.-Nrn. 201, 202). Auch sein Bruder, Franz Andreas Bauer (1758–1840), war als Blumenmaler für das liechtensteinische Fürstenhaus sowie für den berühmten Wiener Hofbotaniker Nikolaus von Jacquin tätig.

Zwischen 1776 und 1805 entstand der so genannte *Codex Liechtenstein* (Kat.-Nrn. 199, 200), eine vierzehnbändige illuminierte Sammelhandschrift, an der neben Ferdinand Lukas und Franz Andreas Bauer auch deren Bruder Joseph Anton (1756–1831) sowie einige weitere Pflanzenillustratoren beteiligt waren. Dieses im Besitz der Sammlungen des Fürsten von und zu Liechtenstein befindliche Werk zählt zu den schönsten Pflanzenwerken, die während dieser Zeit entstanden sind. Jeder der Bände enthält ein Titelblatt, das meist einen Garten, einen Ausblick in die Landschaft oder die Ansicht eines Gebäudes zeigt. Die Brüder Bauer schufen in den mehr als 2700 separierten Pflanzendarstellungen des *Codex Liechtenstein* eine Synthese von Kunst und Wissenschaft: Detailgenau, aber dennoch dem ästhetischen Anspruch des Künstlers folgend, bewerkstelligten sie den Spagat, die Naturtreue auf der einen Seite mit der eigenen künstlerischen Interpretation auf der anderen Seite zu verbinden.

Während Ferdinand Bauer seine Bilder vor allem grossformatig anlegte und für seine exakte, aber dennoch elegante Wiedergabe der Pflanzen berühmt wurde, war Franz insbesondere aufgrund seiner minutiösen Darstellung von Details bekannt, die vielfach die Grundlage für spätere wissenschaftliche Interpretationen lieferten. Vermutlich im April 1805 wurde der *Codex Liechtenstein* fertiggestellt, wie eine Aktennotiz vom 6. Mai dieses Jahres betreffend die Übergabe der letzten beiden Bände an Fürst Alois I. (1759/1781–1805) beziehungsweise Johann I. von Liechtenstein (1760/1805–1836) dokumentiert.

Wesentliche Impulse für die bildende Kunst und die Künstler, die nicht nur primär ästhetischen Kriterien folgten, sondern vor allem auch von wissenschaftlichen Interessen getragen waren, gingen von Alois I. (Kat.-Nrn. 77, 149, 151) und Johann I. von Liechtenstein (Kat.-Nrn. 150, 152) aus. Die Förderung der Künste, insbesondere der Gartenkunst, war beiden ein besonderes Anliegen. Auf Alois' Initiative geht beispielsweise die Umgestaltung, Erweiterung und Neuanlage der Gärten in

Kat.-Nr. 201

Banksia coccinea !

Brown prod. fl. nov. holl. p. 394. n. 17.

Ferd. Bauer

Kat.-Nr. 202

SOLANUM caule inermi herbaceo foliys ovatis tomentosis integris calycibus aculatis fructu pendulo S:P:L:
MALA INSANA dod:
102.

Kat.-Nr. 199

Eisgrub, Glashaus

Kat.-Nr. 77

Eisgrub, Feldsberg und in der Rossau zurück. Johann I. setzte diese Bemühungen später fort. Die Fürsten Alois und Johann reformierten unter anderem auch die Betriebsformen auf all ihren Besitzungen, die sich vor allem während der Regentschaft von Fürst Johann I. explosionsartig vermehrten. Unter ihm war die Wirtschaft auf allen Ebenen unglaublich straff organisiert, nur so konnten die über fast alle Kronländer verteilten Güter effizient verwaltet werden. Die Intentionen seines Bruders Alois führte er intensiv fort, sammelte wie er Samen und Setzlinge in aller Welt und setzte sie ganz bewusst in seinen Betrieben ein.

Geleitet wurden die Initiativen der beiden Fürsten neben ästhetischen Überlegungen vorwiegend auch von ökonomischen, landwirtschaftlichen und forstbotanischen Motiven sowie vom Streben nach Nachhaltigkeit und vom Nützlichkeitsgedanken. Der allgemeinen Tendenz ihrer Zeit entsprechend, waren auch Fürst Alois I. und Fürst Johann I. von Liechtenstein bestrebt, möglichst viele neue Exoten zu besitzen, um sie wirtschaftlich nutzen zu können. Sie förderten einen regen Austausch mit den bedeutendsten Saatgutlieferanten und Pflanzenhändlern in ganz Europa und beauftragten Sammel- und Studienreisen. Daneben betrieben sie die Kultivierung exotischer Pflanzen weiter, intensivierten sie und weiteten sie aus.

Die Faszination, die von diesen Gewächsen ausging, brachte Alois I. von Liechtenstein 1799 dazu, im Naturgarten von Eisgrub die erste Pflanzschule exotischer Forsthölzer zu gründen, wo er sich vor allem um schnell wachsende Arten bemühte und damit dem in dieser Zeit allgemein befürchteten Holzmangel entgegenwirken wollte. Die Umgebung Eisgrubs sowie die Wälder Feldsbergs nützte er als Probeflächen und Zentrum seines »Holz Plantationsgeschäft[es]«. Auch die Belehrung junger Gärtner sowie die botanische Bildung der Besucher stand für den Fürsten im Vordergrund: Die Anlagen in Eisgrub und Feldsberg wurden 1804 im *Patriotischen Tageblatt* aufgrund ihres Vorbild- und Bildungscharakters besonders gelobt. Daneben darf in diesem Zusammenhang auch die Funktion des Gartens als Werbung für die zu verkaufenden Pflanzen nicht unerwähnt bleiben. Die Bedeutung, die diese fürstliche Pflanzenzucht binnen kurzer Zeit erlangte, lässt sich unter anderem daran ermessen, dass Kaiser Franz II. (I.) für die Bepflanzung eines Arborets im Landschaftspark von Laxenburg ökonomisch verwertbare Forsthölzer nicht vom Botanischen Garten in Schönbrunn, sondern vom Fürsten von Liechtenstein bezog.

Die Leistungen von Fürst Alois I. und Fürst Johann I. von Liechtenstein auf den Gebieten der Pflanzenzucht, Botanik, Volkswirtschaft und Entwicklung der Gartenkunst liessen sich endlos fortsetzen und sind nicht hoch genug einzustufen. In der fürstlichen Forst-Ballenpflanzenzucht in Kalwang (LIECO) leben beider Bestrebungen – den heutigen Anforderungen entsprechend – fort und haben einen wesentlichen Anteil am anhaltenden Erfolg des Fürstenhauses und seiner Unternehmen.

* Carl von Linné an Nikolaus Joseph von Jacquin am 1. August 1759

DER TRAUM VON FERNEN WELTEN. CHINA, JAPAN, ÆGYPTEN UND DIE HEIMISCHE GOTIK

Johann Kräftner

Zum letztenmahle wüthen nun Sturm und Donner, die Fackeln erlöschen, und man betritt das Reich der Nacht. Mit rauschendem Getöse eröffnen sich die beiden Flügel der eisernen Pforte; und lassen in das Heiligthum der Götinn blicken ...*

Betrachten wir die Landschaftsgärten und die Architekturen, die dort errichtet worden sind, so können wir einen hohen Anteil an Bauten feststellen, die wir heute schlicht und einfach unter dem Terminus des Exotischen subsumieren würden. Vielfach wurden im Garten jene Bauten umgesetzt, für die in der »kommerziellen« Architektur noch kein Platz war.

Wir befinden uns heute in einem kunsthistorischen Umfeld, das zu kategorisieren versucht, Epochen exakt umreissen will, sich so aber schwer tut, Randerscheinungen zu registrieren und ihnen ihre entsprechende Bedeutung zuzuordnen. Johann Ferdinand Hetzendorf von Hohenberg (1733–1816) ist uns bekannt als ein Architekt des Barockklassizismus, dass aber in seinen durch Stiche überlieferten Architekturcapricci durchaus schon andere Welten thematisiert werden, ist bis heute weitestgehend im Hintergrund geblieben. Immer wieder klingen dort ägyptisierende Momente und Erinnerungen an die Gotik an, die ja auch im 18. Jahrhundert gar nicht so ganz vergessen gewesen war, wie uns eine vereinfachende Kunstgeschichtsschreibung lange Zeit zu vermitteln versuchte. Johann Bernhard Fischer von Erlach (1656–1723) respektierte bei der Modernisierung der Franziskanerkirche in Salzburg den gotischen Raum und ergänzte ihn in kongenialer Weise 1709/10 durch seinen neuen Hochaltar. Matthias Steindl (1644–1727) setzte zwar mit der Turmfassade des Stiftes Zwettl ein deutliches Zeichen, dass aber das Verbindungsstück zwischen dieser und dem gotischen Chor, der Grossteil des Langhauses, 1722–1728 durch Joseph Munggenast errichtet worden ist, fällt meist unter den Tisch. Der Deutschordenskonvent in Wien wurde durch Anton Johann Ospel (1677–1756) unter weitestgehender Respektierung der gotischen Elemente 1720–1722 barockisiert. Böhmen fand mit der Barockgotik um Giovanni Santini (1677–1723) einen eigenständigen Weg, die grosse Tradition des Landes mit der vom südlichen Gedankengut dominierten Gegenwart zu einer harmonischen Einheit zusammenzuführen. Johann Ferdinand Hetzendorf von Hohenberg regotisierte ab 1783 die Augustinerkirche in Wien, die Kirche des Hofes, und fand auch hier zu einem überzeugenden Formenrepertoire.

So ist es nicht verwunderlich, dass er auch bei seinen Gartenarchitekturen in diesem neuen Feld agieren wollte und vor allem bei den kaiserlichen Aufträgen in Laxenburg auf dieses Repertoire zurückgriff. Der geplante Vereinigungsbau der Franzensburg (1806) und die Grottenanlage (1807) für das Haus Habsburg in Laxenburg – beide Projekte blieben unausgeführt – mit ihren beeindruckenden Hallen der Ahnengalerien sollte der Gipfel dieser Rückbesinnung auf die eigene Geschichte und ihren Ursprung in der schweizerischen Habsburg sein. In der Laxenburger Gotik der Franzensburg, formwirksam bis zum Möbel und zum Porzellan, fanden diese Gedanken eine eher schrullige Umsetzung, in der das zweite Element dieser Rückbesinnung, ein Zug zum Fremden stark in den Vordergrund tritt. Die eigene längst vergessene Vergangenheit wurde dann unmittelbar gleichgesetzt mit dem Fernen, Exotischen, die daraus gebildeten Mischformen vermitteln einen eher kuriosen Gesamteindruck. Andere Beispiele früher »gotischer« Architekturen bilden der Gotische Tempel im Galizynischen Park (nach 1785) des Dimitri Michailowitsch Fürst Gallitzin (1721–1793) oder der Gotische Tempel im Pottenbrunner Landschaftsgarten (um 1800) des niederösterreichischen Regierungspräsidenten Johann Anton Graf von Pergen (1725–1814). Auch das Panoramagebäude im Wiener Prater (1801) gab sich in seiner äusseren Dekoration diesem Formenkanon hin.

In Hohenbergs *Entwurf zur Grotte im Schlosspark von Vöslau* (gestochen 1777) wird man einerseits an pittoreske Felsformationen erinnert, wie sie immer wieder in Stichen mit chinesischen Landschaftsmotiven auftauchten, einige der Öffnungen der Grotten sind aber auch schon hier als Spitzbogen formuliert. Selbst der in Rom geschulte strenge Klassizist Pietro Nobile (1774–1854) schuf ein Glashaus in gotischen Formen, das Arthaber'sche Glashaus in Döbling folgte ebenfalls diesem Kanon.

Einen absoluten Höhepunkt erreichte die Entwicklung in der Architektur der Neogotik um die Jahrhundertmitte, manifest in den grossen Umbauten von Schloss Frauenberg der Familie Schwarzenberg (1840–1871) und dem »Konkurrenzprojekt« der Familie Liechtenstein in Eisgrub (1846–1858), wo das barock-klassizistische Schloss fast zur Gänze den neuen Ideen geopfert worden ist. Sosehr dieses Bauwerk Georg Wingelmüllers (1810–1848) den Geist der Gotik haucht und uns als authentisch erscheint, so entfernt ist in seinen Details diese Gotik von ihrem klassischen Vorbild. Kreative Kräfte schufen hier Interpretationen einer Vergangenheit, die schon wieder weit in die Zukunft weisen.

Einen wichtigen Beitrag zu diesem Hang zum Exotischen steuerte zweifelsohne auch die ganz Europa erfassende Ägyptomanie bei, ausgelöst und angeheizt durch die Eroberungszüge Kaiser Napoleons, durch die Massen an wissenschaftlichen Erkenntnissen und Dokumentationen, die diese Feldzüge brachten, aber in gleichem Mass sicherlich auch durch die ebenso zahlreichen Ausgrabungs- und Fundstücke, die damals ungehindert die europäischen Sammler erreichten.

Arthaber'sches Glashaus, Wien-Döbling

Kat.-Nrn. 196, 197

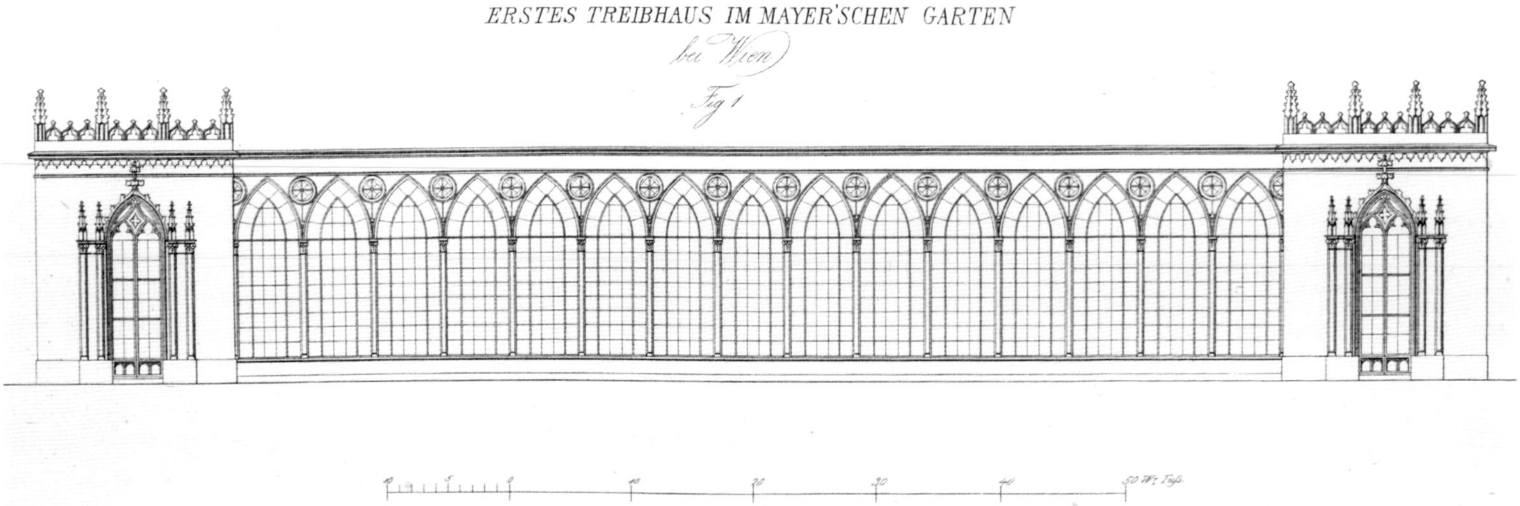

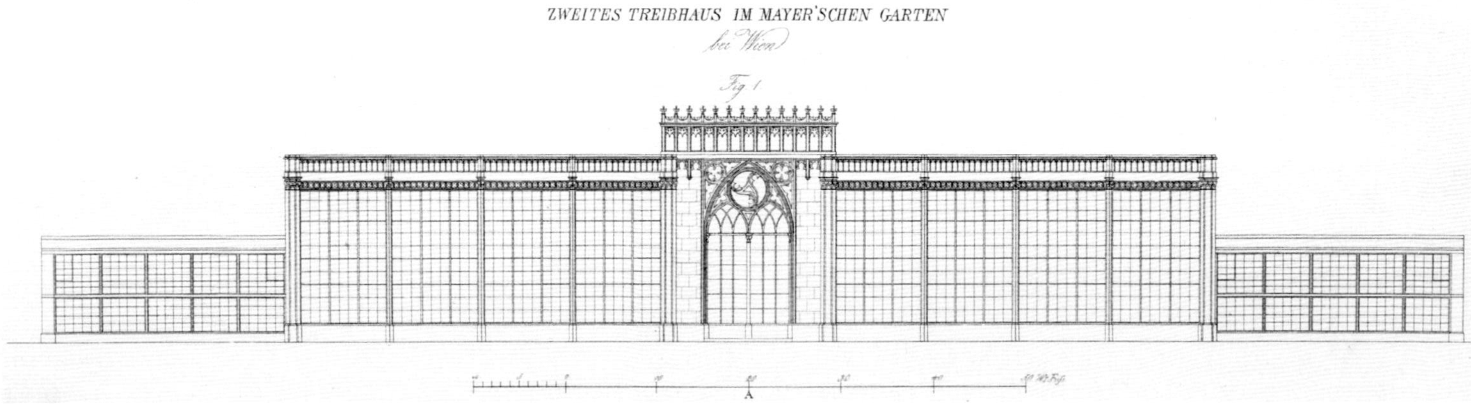

Kat.-Nr. 103

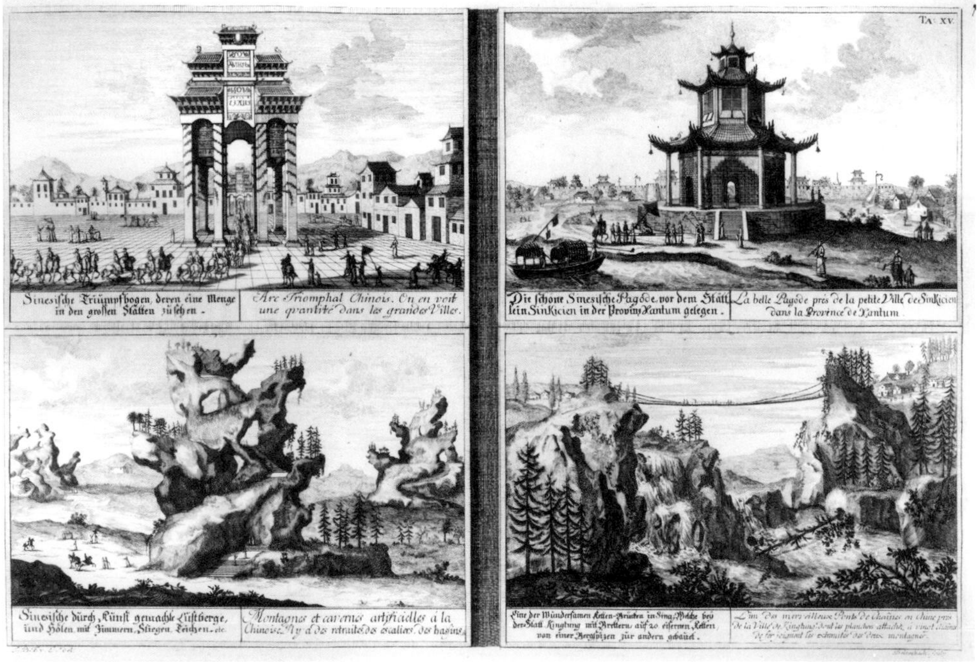

Kat.-Nr. 102

Kat.-Nr. 124

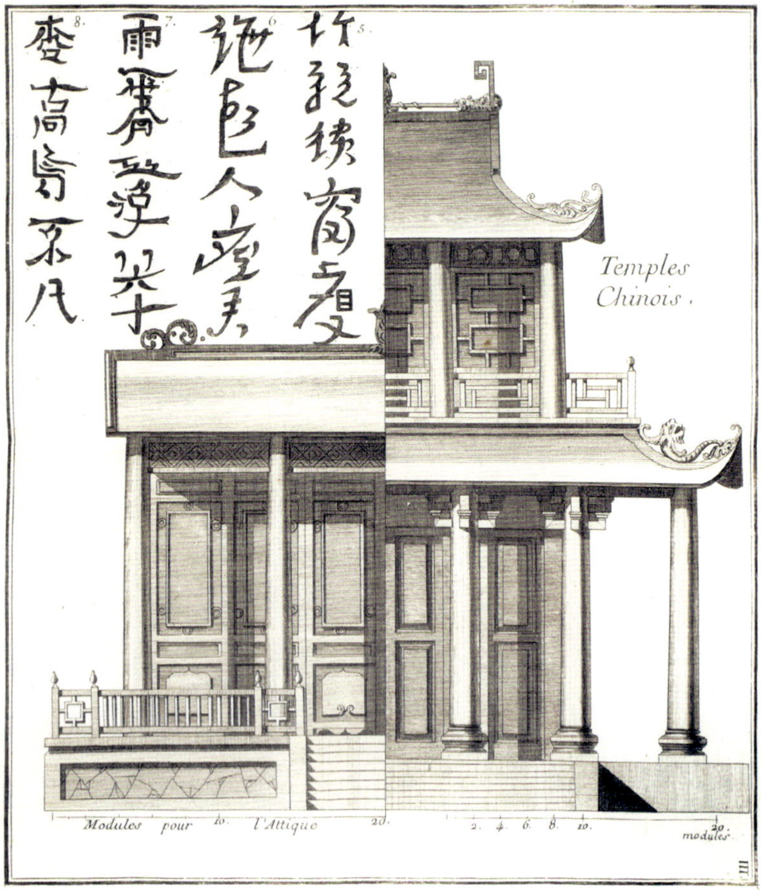

Kat.-Nr. 119

Kat.-Nr. 131

Kat.-Nr. 185

Kat.-Nr. 106

Kat.-Nr. 105

In der Welt der Freimaurer spielte dieses Ägypten eine ganz besondere Rolle, nicht zufällig sind auch deren Umkreis einige der wichtigsten Gartenanlagen zuzuordnen. Zwei ihrer bedeutendsten Proponenten, Wolfgang Amadeus Mozart (1756–1791) und sein Librettist Emanuel Schikaneder (1751–1812), schufen mit ihrer *Zauberflöte* ein Werk, das in seiner szenischen Struktur einerseits ganz wesentlich von der Kultur der Landschaftsgärten beeinflusst ist, andererseits aber dann selbst wieder auf die Szenarien in Gärten abfärbte. »Das Theater ist eine felsichte Gegend, hie und da mit Bäumen überwachsen; auf beyden Seiten sind gangbare Berge nebst einem runden Tempel …« oder »Das Theater verwandelt sich in einen Hayn. Ganz im Grunde der Bühne ein schöner Tempel, worauf die Worte stehen: Tempel der Weisheit …«, beschreibt das Libretto die Spielorte, fast als wären es Schilderungen von Landschaftsgärten. Solche Berge, Grotten und einen Tempel der Weisheit konnte Mozart in Aigen bei Salzburg im Garten des Domherrn Anton Willibald Graf von Waldburg zu Wolfegg (1729–1821) oder in der Anlage des Philipp Graf von Cobenzl (1741–1810) auf dem Reisenberg bei Wien (heute Kobenzl) kennengelernt haben: »… Das Häuschen ist nichts, aber die Gegend! – der Wald – worinnen er eine Grotte eingebauet, als wen sie von Natur wäre. Das ist prächtig und sehr angenehm«, schreibt Mozart 1781 nach dem Besuch des Gartens. So ist es nicht verwunderlich, dass sich dieses Thema nach 1791 in neu angelegten Gärten immer wieder niedergeschlagen hat.

Das Zentrum der Anlage in Vöslau südlich von Wien des Freiherrn Peter Friedrich von Braun (1758–1819), wohlhabender Seidenfabrikant und später bis 1807 Leiter der Hoftheater, ist eine riesige überwölbte Grotte, der »Tempel der Nacht«, in der er die Szene der Königin der Nacht aus Mozarts *Zauberflöte* inszenierte. Ein kürzlich im Liechtenstein-Archiv aufgefundener Querschnitt (die Herrschaft Schönau wurde 1829 von Johann Josef I. von Liechtenstein erworben) zu der ab 1796 errichteten Anlage zeigt uns den Raum und die aufwändige Konstruktion, durch die das Scenario umgesetzt werden konnte. Das Innere war mit grünem Marmor vertäfelt, zehn korinthische Säulen aus weissem Gips trugen die Galerie. Entwerfer der Anlage ist Johann Ferdinand Hetzendorf von Hohenberg, der für seine Arbeit eine Schatulle mit Zeichenrequisiten in Gold erhalten hat.

Obelisken und Pyramiden zählten bald zum Allgemeingut gewordenen Repertoire. Hohenberg realisierte einen »Prototypen« in Schönbrunn (1777), viele andere (Hadersfeld, Eisgrub) folgten. Seinen *Entwurf einer Pyramide auf dem Anninger bei Mödling* (1811), eigentlich ein mächtiger Obelisk und als Ersatz für die vorher eingestürzte Trajanische Säule gedacht, konnte Joseph Hardtmuth (1758–1816) nicht mehr ausführen. Noch fernere Welten wurden mit den Zitaten asiatischer Architekturen angeschlagen. Auf islamische Vorbilder und nach Ostasien, Japan und China schaute man hier. Die China- und Japanmode hatte Europa schon früh erfasst, bereits im *Entwurff einer Historischen Architektur* … (1721) des Johann Bernhard Fischer von Erlach finden sich Zitate, die dann auch immer wieder im Landschaftsgarten auftauchen. Unter den vielen Publikationen war hier sicher William Chambers (1722 oder 1723–1796) *Designs of Chinese Buildings* … (1757) die grosse Quelle, die mit präzis gestochenen Plänen vorbildhafte Unterlagen bot. Man kannte diese chinesischen Architekturen aber auch durch die Darstellungen auf asiatischem Porzellan, das man sammelte, von den kostbaren Papier- und Seidentapeten, mit denen man die Schlösser ausstattete. Als Dekor tauchten sie schon früh auf Köppchen und Schüsseln auch der Wiener Manufaktur auf. Im Garten wurde dann der Traum von der Ferne dreidimensional gebaute Realität. Jede Anlage des späten 18. und 19. Jahrhunderts konnte einen ostasiatischen Pavillon vorweisen, in den man sich zurückziehen konnte, um auf diese ganz spezifische Weise aus dem eigenen Alltag in die Träume ferner, besserer Kulturen einzutauchen.

* Schilderung des Eintritts in den Tempel der Nacht aus der Beschreibung des Schönauer Parks von F. A. Schönholz und R. Lotisch, 1800

REVOLUTIONSKLASSIZISMUS UND LANDSCHAFTS-GARTEN. EINE ARCHITEKTONISCHE SPIELWIESE

Johann Kräftner

Sie [die Ruinen] sind mit solcher Kunst und Täuschung verfertigt, dass man Mühe hat, sie für Werke unserer Zeit zu halten. Die im echt römischen Style angebrachte Inschrift hilft diese Täuschung noch vermehren. Man glaubt wirklich ehrwürdige Rudera des Alterthums vor sich zu sehen, wenn man die zerbrochenen Säulen, die eingestürzten Thorbogen, die herumliegen, mit Moos bewachsenen Bruchstücke, und die auf dem Gemäuer wachsenden Pflanzen, denen man die pflegende Hand des Gärtners kaum anmerkt, erblickt.*

Nur selten hatten Architekten ein so grosses Mass an Freiheit und konnten so viel an Ideen und Innovationskraft einbringen, wie das bei den unzähligen Voluptuarbauten der Fall war, die seit dem letzten Viertel des 18. Jahrhunderts bis weit über das erste Viertel des nächsten hinaus die europäischen Landschaftsgärten durchsetzten und auch formten. Formaler Ausgangspunkt sind dabei im Wesentlichen zwei Bewegungen, die in vielen Bauten zu einer glücklichen Synthese gefunden haben: die Wiederentdeckung und Rezeption der Antike, die sich schon im früheren 18. Jahrhundert ankündigte und jetzt zur tragenden Inspirationsquelle wurde, und die französische Revolutionsarchitektur mit ihrer Rückkehr zu extrem einfachen Formen und dem teilweise vollständigen Fehlen von Dekor.

Wien und die Donaumonarchie boten für die Synthese beider Tendenzen einen glücklichen Boden, kamen doch in dieser Zeit viele der bestimmenden Architekten nicht unbedingt aus dem eigenen Land, sondern in alter Tradition aus Italien und dann auch aus Frankreich. Die Durchmischung beider führte dann zu einer sehr eigenständigen Synthese, auf der allmählich heimische Architekten aufbauen konnten, die schlussendlich den Markt beherrschten.

Die Präsenz der antiken Architektur manifestierte sich am Anfang vor allem in den vielen künstlichen Ruinen, ohne die kein Landschaftsgarten auskommen konnte. In Schönbrunn war es die Römische Ruine Johann Ferdinand Hetzendorfs von Hohenberg (1733–1816), bei deren Errichtung er sich der Spolien erstklassiger Renaissancefragmente aus dem Neugebäude Kaiser Maximilians II. bediente. 1775 fertiggestellt, wurde sie zu einem lange wirkenden Vorbild. Bemerkenswert ist der freie und gar nicht akademische Umgang mit der Antike, vor allem auch bezüglich der Farbigkeit; wie für eine Theaterkulisse meisselte man die Spuren des Alters, wie etwa überwuchernde Pflanzen, nicht nur in Stein, sondern hob diese Elemente durch eine buntfarbige Bemalung auch noch hervor. Man suchte also die Nachahmung der Antike, nahm sich aber – so wie der Revolutionsklassizismus in Frankreich – jede Freiheit der eigenen Interpretation.

Eine Halbtagswanderung von Schönbrunn entfernt errichtete der russische Botschafter in Wien, Dimitri Michailowitsch Fürst Gallitzin (1721–1793), in seinem Park am Predigtstuhl an den Südostabhängen des Wienerwaldes eine eindrucksvolle, heute nicht mehr bestehende Ruine, bei der man sich fragt, ob sie nur auf dem Stich von Kilian Ponheimer (1757–1828) nach einer Zeichnung von Jakob Matthias Schmutzer (1733–1811) diesen Eindruck absoluter Authentizität macht. Man glaubt, ein antikes Trümmerfeld vor sich zu haben, so täuschend echt erscheinen die Spolien, und man stellt sich die Frage, woher und aus wessen Hand sie eigentlich kommen, eine Beobachtung, die auch schon Gaheis vor den Ruinen machte.

Bezüglich solcher Ruinen standen auch die Fürsten von Liechtenstein nicht zurück, die Kolonnade hoch über Adamsthal (1810/12) von Joseph Hardtmuth (1758–1816) machte sicherlich Eindruck. Auch seine Ruine eines Amphitheaters (1810/11), die noch heute im Wald hinter Mödling versteckt liegt, einst eindrucksvoll eine freie Hügelkuppe überragend, ist zu einem Markstein in der Landschaft der Föhrenberge südlich von Wien geworden.

Die antike Architektur war gleichsam die Wurzel allen Bauens. Freilich stellte sich die Architekturtheorie auch die Frage, wo diese wieder herkommt, und damit nach der »Urhütte«, deren Aussehen intensiv diskutiert wurde. Es ist erstaunlich, dass in dem sonst an theoretischen Werken so armen Wien schon 1756 ein von dem Jesuiten Christian Rieger verfasstes Werk erschien (*Universae architecturae civilis elementa …*), dessen Frontispiz vor der Silhouette Wiens das berühmte Modell der »Urhütte« des französischen Architekturtheoretikers Marc-Antoine Laugier (1713–1769) aus dessen *Essay sur l'Architecture …* zeigt, das 1753 in Paris in seiner ersten Auflage erschienen war. Man zerbrach sich, weit über die Diskussion antiker Vorbilder hinaus, den Kopf über den Ursprung des Bauens, man wollte zurück an den Ursprung, zurück zum einfachen Bauen.

Gerade dafür boten Garten und Park ein wunderbares Exerzierfeld. Die drei Baumtempel im Garten des Grafen Cobenzl auf dem Reisenberg oder die mit Rinde bekleideten Fassaden der kleinen Häuschen des Holländerdörfls der Gartenanlage in Neuwaldegg sind Beispiele dieser Suche nach dem Ursprung.

Die Vorbilder für diese Entwicklungen kamen aus Frankreich. Zwei sollen hier exemplarisch herausgegriffen werden: das Désert de Retz am Rande von Marly, das zwischen 1774 und 1789 von dem reichen französischen Aristokraten François Racine de Monville (1734–1797) als englischer Garten errichtet worden ist, mit der bewohnbaren Ruine einer dorischen Säule (bezogen 1782). Am 5. August 1781 kam Königin Marie Antoinette (1755–1793), um sich hier Anregungen für ihre eigenen Bauführungen

Kat.-Nr. 23

Kat.-Nr. 6

Kat.-Nr. 19

Feldsberg, Dianatempel

Kat.-Nr. 169

Eisgrub, Apollotempel (Rückseite, Vorderseite)

zu holen, vor allem für ihr kleines Dörfchen Hameau beim Petit Trianon, das sie 1783/84 errichten liess.

Eine andere Quelle für die Wiener Architekten war die französische Revolutionsarchitektur, auch wenn sie diese nur durch die Bauten ihrer aus Frankreich und Belgien stammenden Konkurrenten kannten oder durch Stichwerke, die auch damals, ähnlich den Architekturmagazinen heute, die letztgültige Mode verbreiteten. Die Revolutionsarchitektur stand im Hintergrund des strengen Klassizismus eines Charles de Moreau (1758–1841) oder eines Louis Montoyer (1749–1811), die mit ihren Bauten für Fürst Nikolaus II. Esterházy de Galantha (1765–1833) in Eisenstadt beziehungsweise den russischen Gesandten in Wien, Fürst Andrej Kyrillowitsch Rasumofsky (1752–1836) grossen Einfluss auf die Szene hatten. Das Palais und der Garten Rasumofsky wurden ab 1838 von Fürst Alois II. von Liechtenstein und seiner Familie bewohnt, als er das Majoratshaus in der Bankgasse restaurieren ließ.

Die Architektur dieser aus dem Dunstkreis der französischen Revolutionsarchitektur kommenden Meister inspirierte in der Folge auch die Wiener Architekten, vor allem des Biedermeier. Dieser Einfluss zeigt sich schon in den späteren Voluptuarbauten des Joseph Hardtmuth: der Raistenkolonnade (1810–1812), in der Hardtmuth das Motiv der Kolonnade mit dem des Triumphbogens, der sich in geschickter Weise in die Mitte einfügt, vereint; im Dianatempel in Eisgrub (1810–1812), wo er ebenfalls das klassische Triumphbogenmotiv des Konstantinbogens aufnimmt, aber auf eine einbogige Anlage reduziert und verfremdet. Auch mit dem kleinen Jagdschlösschen in Pohansko bei Lundenburg schafft Hardtmuth ein Kabinettstück, das die komplexe Situation der äusseren Vorgaben bravourös löst. Man spürt überall das klassische Vorbild, und doch hat Hardtmuth die Kraft und die Freiheit, sich davon loszulösen und unterschiedlichste Elemente ganz frei miteinander zu verbinden. Noch extremer als Hardtmuth ist Joseph Kornhäusel (1782–1860) dem Vorbild des Revolutionsklassizismus verpflichtet, den er aus den Büchern seines Freundes Pietro Nobile (1774–1854) kennenlernen konnte. Er führt Hardtmuths repräsentativen, voluminösen Klassizismus zur unbeschwerten, bukolischen Leichtigkeit des Biedermeier über und schafft vor allem kleine, in die Parklandschaft raffiniert eingefügte Lustbauten, in denen er sich als der grosse Meister der neuen Epoche erweist. Das Teichschloss (1814–1816), das Jägerhaus im Katzelsdorfer Wald (1818–1819) und der Apollotempel (1818–1820) sind seine Kabinettstücke, die er, perfekt nach der Sonne ausgerichtet, in die arkadische Teichlandschaft stellt. Sie sind Lehrstücke einer funktionellen Architektur, einer ganz im Sinne der Revolutionsarchitektur sprechenden Architektur: nach vorne subtil artikuliert und detailliert, verbindlich und wohl proportioniert, nach hinten blockhaft, nüchtern und abweisend.

In Wien vervollständigt er für die Liechtensteins das Ensemble am Schüttel im Prater durch ein neues Lusthaus (1814–1816), eine frühe Form der Villa, die vielleicht am besten den Wandel von repräsentativer Schwere zu französisch inspirierter Eleganz und Schwerelosigkeit zeigt. Der Wiener Villenbau und vor allem das Bürgerhaus des Biedermeier übernahmen diese Leichtigkeit.

* Franz Anton de Paula Gaheis, *Spazierfahrten in die Gegenden um Wien*, Wien 1794

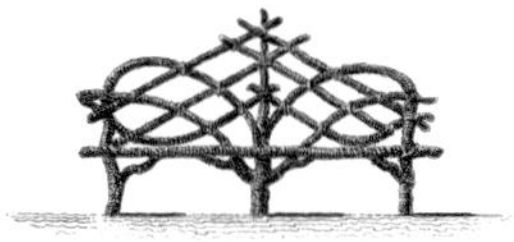

Kat.-Nr. 32

Kat.-Nr. 33

Kat.-Nr. 39

Kat.-Nr. 40

DER BLICK VON OBEN.
TURM UND VOGELPERSPEKTIVE

Johann Kräftner

Am 6. July sahen die Bewohner Wiens ein bisher noch nicht bekanntes Schauspiel. Herr Blanchard erhob sich mit einem Luftballon im Prater gegen 12 Uhr in die Luft, blieb durch 14 Minuten sichtbar, und verschwand dann in den Wolken, die ihn durch 30 Minuten verbargen.*

Google Earth und der Blick auf den GPRS-Monitor sind uns heute selbstverständlich geworden. Auf Knopfdruck fliegen wir in unendliche Höhen und zoomen uns dann an unser gewünschtes Ziel heran. Im Handumdrehen wechseln wir von der Orthogonal- in die Perspektivansicht, ohne uns weiter zu wundern, wie das passiert. Wir kennen heute den Blick von oben, er ist uns etwas ganz Selbstverständliches geworden.

In der Geschichte der Malerei mussten sich die Künstler diese Position erst erobern, sich über Jahrhunderte herantasten. Nur langsam erkletterte man Hügel und auch höhere Berge, um diesen Blick von oben zu erleben und ihn in einem nächsten Schritt auch festzuhalten. In den Dörfern und Städten bestieg man die Türme, um sich den erhöhten Standpunkt allmählich zunutze zu machen. Man lernte langsam, sich mit der Perspektive und ihren Verkürzungen auseinanderzusetzen, bedrohliche Höhe und unendliche Tiefe, in die man blickte, auch geometrisch exakt wiederzugeben und schliesslich das, was man gar nicht so sehen konnte, weil man nicht hoch genug hinaufkam, auch geometrisch zu konstruieren.

So entstanden schon sehr früh erstaunliche Veduten, bei denen man sich nicht vorstellen kann, welche Krücke diesen Blick sonst unterstützen hätte können, wenn nicht die junge Kunst der Perspektive. Jacopo de Barbaris (um 1440–1515/16) berühmter *Perspektivplan von Venedig*, der im Jahr 1500 in Holz geschnitten wurde, schaut vom offenen Meer auf die Lagunenstadt. Sorgfältige Landvermessung und deren exakte konstruktive Umsetzung führten hier zum visionären Ergebnis.

Mit der Entdeckung der von Menschenhand geplanten und geformten Landschaft lief auch das Bedürfnis parallel, das Erdachte, das Geplante und schliesslich auch das Gebaute – in unserem Fall die heranwachsende Parklandschaft – möglichst realistisch abzubilden. Wir kennen Beispiele dafür aus der Renaissance und dem Barock, in denen uns die kostbaren Schöpfungen in Vogelschauen nähergebracht werden, wir sie aus einer Perspektive erleben können, die für uns nur in den seltensten Fällen auch in der Realität wirklich überprüfbar ist. Für den Park war diese Vogelschau die einzige Möglichkeit, sich ein Bild von einer Zukunft zu machen, die in dieser Form erst nach langem Wachstum der Bäume und anderen Pflanzen real erlebbar wurde.

Die beiden gegenläufigen *Vogelschauen des barocken Parkes der Familie Harrach in Bruck an der Leitha* (1738) von Salomon Kleiner (1700–1761) sind ein eindrucksvolles Beispiel, wie ein virtuoser Zeichner die Vision einer riesigen Anlage geschaffen hat, ohne dass sie je ein Mensch wirklich so sehen konnte. Der Park um das von Johann Lukas von Hildebrandt (1668–1745) modernisierte Schloss wird uns hier in einer Detailgenauigkeit vor Augen geführt, die uns zur Annahme zwingt, dass Kleiner jede Einzelheit auch wirklich studieren konnte, bevor er die Striche ohne Möglichkeit zur Korrektur aufs Papier setzte. Wir sehen Details, die man selbst in der Natur auf diese Weise nicht nachvollziehen könnte: das Schloss im Vordergrund und einen formalen Gartenteil mit Bosketten und Hainen sowie einem Waserbecken in Form einer stilisierten Muschel, der dann plötzlich in einen natürlich weich geformten Abschnitt am Lauf der Leitha übergeht, um dann wieder von geometrisch sternförmig angeordneten Schneisen gefolgt zu werden. Bis an den Horizont in unendlichen Fernen lässt sich das mäandrierende Band der Leitha mit seiner Auvegetation verfolgen. Eine perfekte Vision der Begegnung geometrisch geformter und frei gestalteter Natur, die sich uns nur aus der Luft wirklich erschliesst.

Dass man diese Vision nicht nur vom Künstler vorgefertigt vor Augen gesetzt bekommen wollte, erleben wir eine Generation später in den Landschaftsgärten des endenden 18. und beginnenden 19. Jahrhunderts. Immer wieder definierte man mit Türmen und anderen ähnlichen Bauwerken Aussichtspositionen, die den Blick über Gärten und Landschaften ermöglichten. Die Raistenbergkolonnade (1810–1812) Joseph Hardtmuths (1758–1816), fertiggestellt von Joseph Kornhäusel (1782–1860), an der Grenze zwischen Niederösterreich und Mähren gewährt uns einen eindrucksvollen Blick über die Bäume und Teiche hinweg auf Schloss Feldsberg und bis nach Eisgrub auf der einen Seite beziehungsweise in Richtung Süden nach Niederösterreich auf der anderen. Über zwei Wendeltreppen kann man die Dachterrasse erklimmen, die dem Wanderer diesen Blick gewährt.

Nicht weit entfernt davon erhebt sich mitten im Wald ein anderes Monument derselben Architekten, der Dianatempel (1810–1812); auch er gewährte von dem hochgelegenen Saal freien Blick über die Wipfel der Bäume hinweg.

Am nördlichen Ende des Parks von Eisgrub entstand durch die Hand von Joseph Hardtmuth mit dem Türkischen Turm (1797–1804) ein dritter Aussichtspunkt, der einen unvergesslichen Blick über die Teiche auf das heute neogotische Schloss freigibt. Man weiss, wie privilegiert man ist, wenn man jemals Gelegenheit hatte, von dort oben den Untergang der Sonne zu erleben: das Versinken in die Dämmerung, in das Dunkel der Nacht, das Flimmern des immer heller werdenden Sternenhimmels.

Kat.-Nr. 111

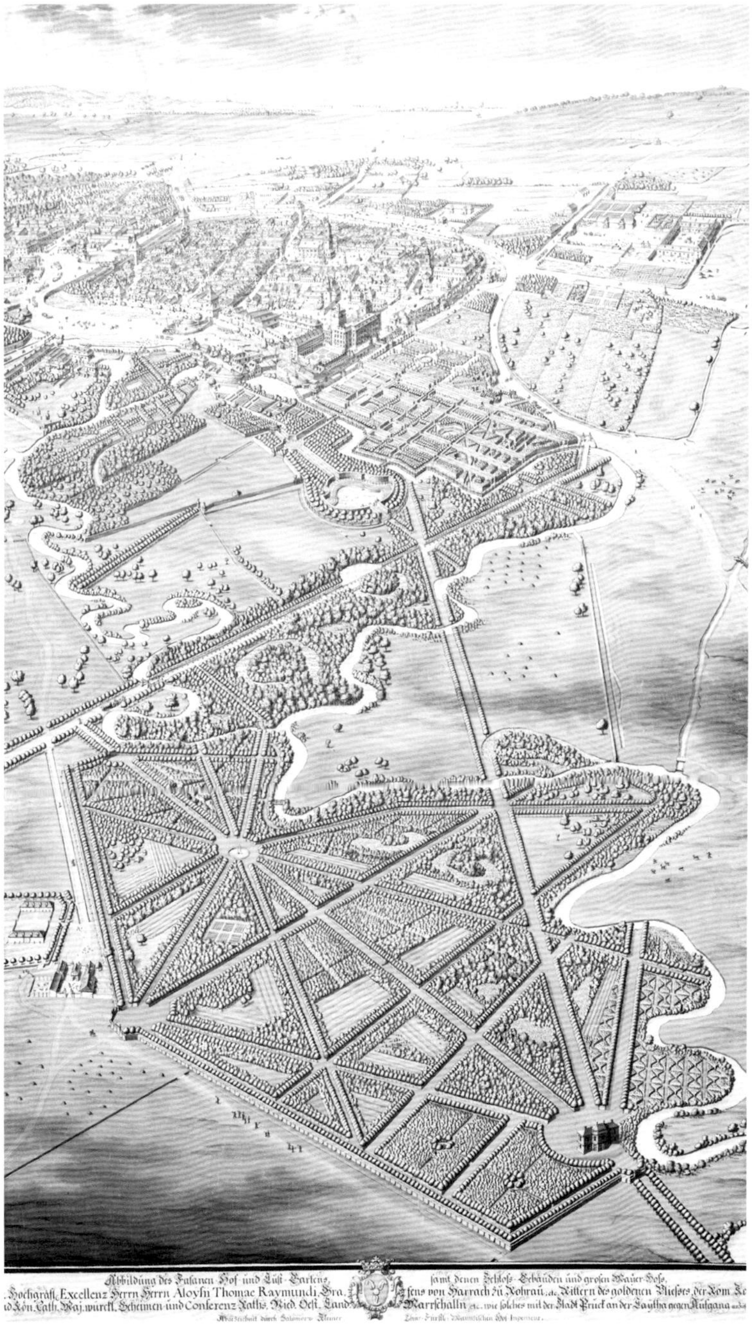

Kat.-Nr. 112

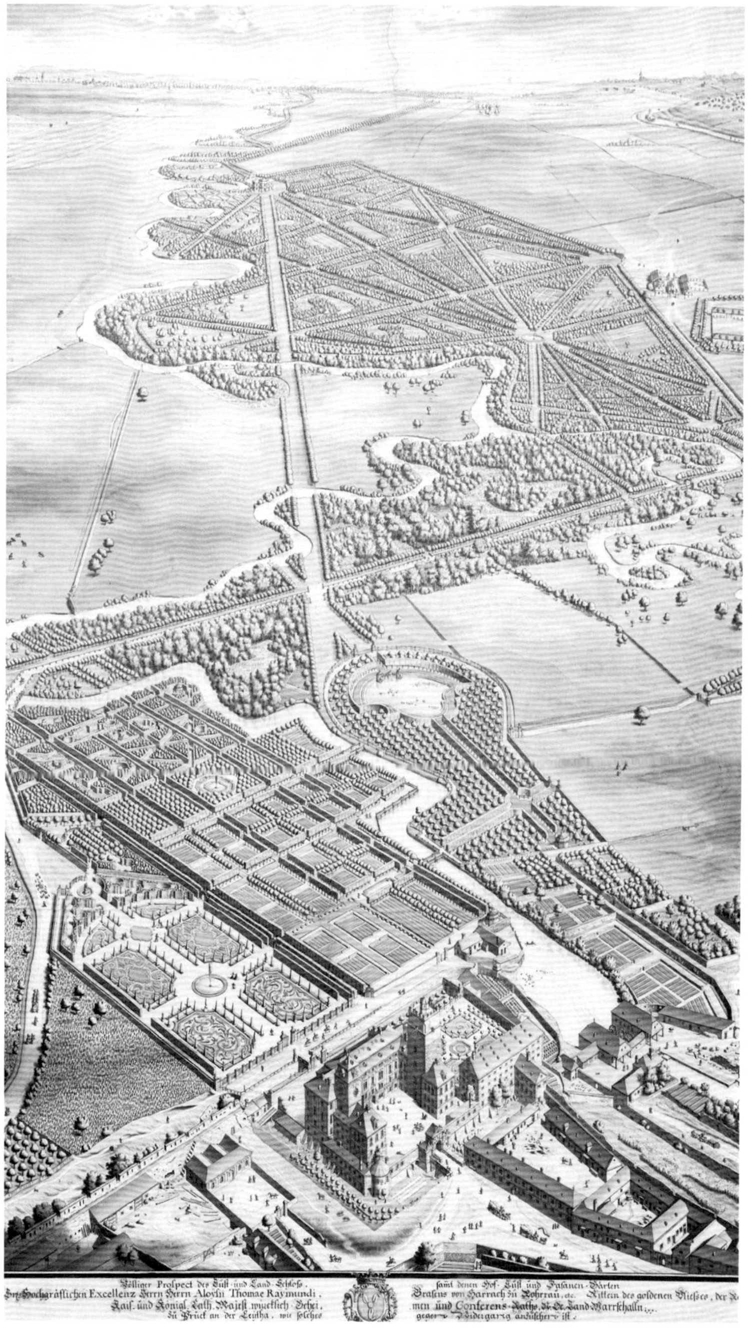

Kat.-Nr. 226

Kat.-Nr. 61

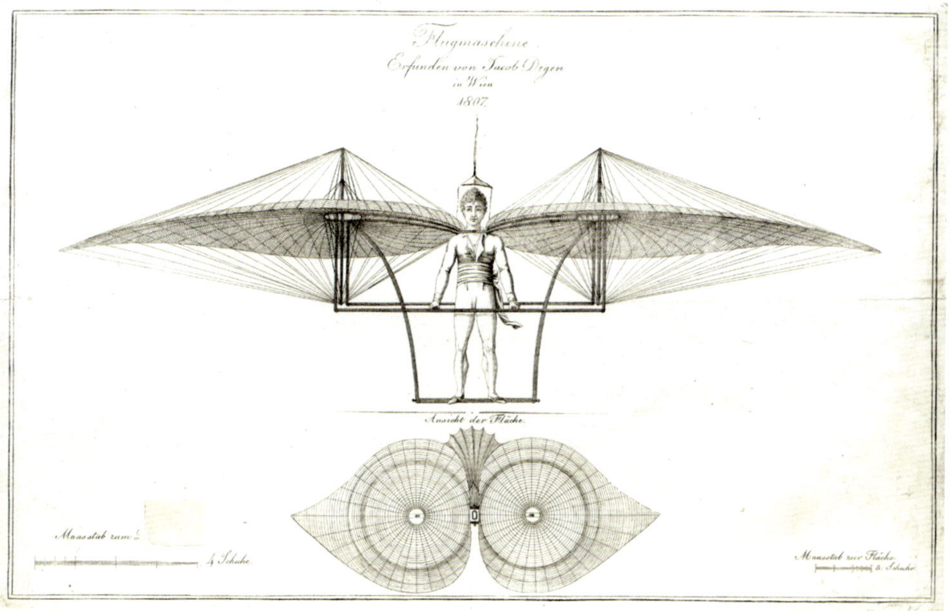

Das sanfte Entschlafen der Natur, das Verstummen der Stimmen der Frösche und der Kormorane in den riesigen Nestern der Baumkronen: Man glaubt, der Turm wäre nur für diesen einen Abend, für diese eine Nacht gebaut.

Auch in der Hinterbrühl, in der Umgebung der Stammburg der Familie Liechtenstein, startete Hardtmuth den Versuch, mit einer begehbaren Trajanischen Säule auf dem Anninger bei Mödling (1811) den Wanderer, der durch den Wald dorthin gelangte, mit einem unglaublichen Blick zu belohnen: Er schweifte auf der einen Seite über die unendlichen sanften Hügelkuppen des Wienerwaldes, streifte dann die mächtigeren Massive von Rax und Schneeberg, schlussendlich fand das Auge in den Fernen des Wiener Beckens, über den kaiserlichen Park in Laxenburg hinweg im Leithagebirge seine Ruhe. Hardtmuths Anstrengung blieb ein Versuch; dass der Turm schon bald nach Baubeginn einstürzte, kostete ihn schliesslich die Gunst des Fürsten; die Karriere des fürstlichen Baudirektors endete mit einem jähen Abgang und der Ablöse durch Joseph Kornhäusel.

Die Idee, sich auch ohne Errichtung hoher Gebäude einen Blick wie ein Vogel in luftiger Höhe verschaffen zu können, liess die Menschheit seit Dädalus und Ikarus nicht los. In der Periode der Landschaftsgärten leben wir in genau der Zeit, in der dieser Traum zum ersten Mal auch reale Formen annehmen sollte: Am 5. Juni 1783 präsentierten die Brüder Joseph Michel (1740–1810) und Jacques Etienne Montgolfier (1745–1799) in ihrer Heimatstadt Annonay bei Lyon in Frankreich einen kugelähnlichen Sack aus Leinen mit 12 Meter Durchmesser, der auf fast 2000 Meter Höhe stieg und 2 Kilometer weit schwebte, bevor er wieder auf den Boden kam. Sch
on am 19. September 1783 startete im Park von Schloss Versailles vor den Augen des Königspaares ein Ballon mit drei Fluggästen: Ein Hammel, ein Hahn und eine Ente waren die Passagiere, die in der ersten Luftfahrt der Menschheit 12 Minuten am Himmel schwebten. Am 21. November konnten dann auch die ersten Menschen das Gefühl des freien Fluges über der Erde 23 Minuten lang erleben.

Damit hatte der Mensch eine neue Perspektive gewonnen und es ist nicht verwunderlich, dass diese Errungenschaft auch in Wien bald zur Attraktion wurde. Den ersten bemannten Ballonaufstieg führte hier Johann Georg Stuwer (1732–1802) durch, am 6. Juli 1784 startete sein Sohn Kaspar Stuwer mit dem Architekten Daniel Hackmillner sowie den Gehilfen Michael Schmalz und Johann Hiller auf dem Feuerwerksplatz im Prater zum ersten Fesselballonaufstieg. Eine kolorierte Umrissradierung mit dem *Platz der Grossen Vorstellungen im Prater* zeigt den Feuerwerksplatz mit den darüber schwebenden Ballonen.

Dafür, dass man davon träumte, wie die Vögel über der Erde schweben zu können, findet sich schliesslich in den Fürstlichen Sammlungen auch ein Beweis: Eine Radierung von Joseph Erasmus Bellinger zeigt eine von Jacob Degen (1760–1748) in Wien 1807 erfundene Flugmaschine. Mutig, wer es wagte, sich mit diesem Apparat in die Lüfte zu erheben!

* Aus dem Bericht über Jean-Pierre Blanchards Flug von Wien nach Gross-Enzersdorf am 6. Juli 1791; er hatte als Erster den Ärmelkanal in einem Ballon überquert.

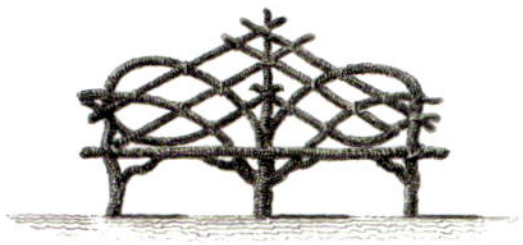

DER GARTEN ZU TISCH. PORZELLANE ALS TAFELDEKORATION

Claudia Lehner-Jobst

Auf dem Tische Nr. 1 welcher in der Mitte stand, befanden Sich Ihre Majestät die Kaiserin mit 13 Damen. Die Tafel war geziert mit dem großen runden Bronze Spiegel worauf eine große schöne Porcellan Vase mit frischen exotischen Blättern gesteckt, stand. Um den Spiegel lagen grüne Guirlanden ... Dieses Déjeuner dauerte eine halbe Stunde, während die Cavaliers auf dem Gartenteile zum Zusehen waren.*

Die verschiedenen Moden der Tafeldekoration spiegeln den Wandel der Philosophie und der Künste im Zugang zur Natur und damit zur Gartengestaltung anschaulich wider. Über viele Jahrhunderte war ausserhalb des Hauses der abgeschlossene Garten hauptsächlicher Lebensraum begüterter Familien: der Garten als Abbild des Paradieses, als von Bedrohungen befreiter, kultivierter Naturausschnitt. Auch Speisen stammen aus dieser Natur, seien sie auf der Jagd erlegt, im Küchengarten geerntet oder in der Orangerie gepflückt. Nichts lag näher, als die Tafel und die Speisen selbst mit dekorativen Naturschönheiten auszustatten. Es ist bezeichnend, dass der florale Tafelschmuck zunächst nur zum Dessertgang aufgebaut wurde. Die barocke Serviermethode »Service à la Française« sah mehrere Gänge vor, bei denen aus heutiger Sicht unvorstellbare Mengen an Gerichten jeweils gleichzeitig aufgetragen wurden. Der krönende Höhepunkt war das Dessert, bei dem sich die Kunst der Zuckerbäcker mit dem weniger nahrhaften, dafür lustvollsten aller Gänge verband.

Der barocke Garten mit seinen formalen Elementen, die ihrerseits wieder Bezug nahmen auf die Sprache der Architektur, beeinflusste die Porzellandekore der europäischen Manufakturen im frühen 18. Jahrhundert deutlich. Parterres waren für die Perspektive aus den repräsentativen Räumen im ersten Stock angelegt, in dem auch die Speisen serviert wurden. Der Übergang der Aussenwelt zum Interieur war fliessend. War der Garten ein besonders kostenaufwändiger Teil einer Schlossanlage, so war das Dessert zweifellos der teuerste Gang eines Festmahls. Der Randdekor eines Services der ersten Wiener Manufaktur Du Paquier führt die kraftvollen Schwünge des »Laub- und Bandelwerks« vor, wie es als Fassaden- oder Deckenschmuck, aber auch als strenges und elegantes Muster der französischen Gartenparterres nach Wien gekommen war. Scheinbar zufällig gestreute Blumen kontrastieren auf dem Porzellan mit der disziplinierten Ornamentik.

Bereits seit dem späten 17. Jahrhundert erlaubten die aus Ostasien eingeführten Porzellane einen alternativen Blick auf die Natur und ihre dekorativen Qualitäten. Die Buntheit chinesischer und japanischer Porzellane und die »wilde« Asymmetrie der Pflanzen vermittelten eine neue Freiheit. In den angewandten Künsten, wie Textil, Möbel und Porzellan, fand diese Darstellungsweise schnell Eingang und bediente die Freude an bunten und grosszügigen Motiven. Das europäische Porzellan nahm die Gartenbilder aus Ostasien in sein Repertoire auf und wandelte sie mit der unbefangenen Laune der kulturellen Distanz ab. Auch die Porzellanplastik aus Ostasien hinterliess ihre Spuren in Europa. Die frühen Meissener Chinesenfiguren des Modelleurs Georg Fritzsche d. Ä. (1697–1756) experimentierten mit der exotischen Polychromie und den phantastischen Gartenidyllen.

Noch vor der Mitte des 18. Jahrhunderts wurden Gärten zum Schauplatz von Schäferphantasien. Die vielen Porträts hochadeliger Damen in attraktiven Schäferinnenkostümen fanden ihren Widerhall in den nun sehr beliebten Porzellanfiguren. Ein Wiener Gärtnerpaar führt mit frivolem Ausdruck den Geist des Schäferspiels vor. Kleine Vasen, den dekorativen Pflanzgefässen der Gärten nachempfunden, Bosketten und Lauben aus Rocaillen komplettierten die Szenerie. Die kostbaren Früchte aus den Orangerien, oder auch Nachbildungen aus Zuckerwerk, wurden in Körben aus Porzellan präsentiert. Frische Schnittblumen kamen selten als Dekoration zum Einsatz, noch bevorzugte man kunstvolle Nachbildungen aus Tragant oder anderen meist vergänglichen Materialien. Wieder war es der Dessertgang, der die Tafel zu einer Bühne der aktuellen Lieblingsthemen werden liess. Der Gastgeber überraschte bei Tisch mit Miniaturversionen eben erlebter Festlichkeiten. Gab es eine Jagd, wurde die Tafel mit Jagdszenen ausgeziert, hatte man eine Komödie besucht, standen die Protagonisten in ihren Kostümen en miniature aus Porzellan vor den Augen der Speisenden. Friedenszeiten wurden mit Concordia-Tempeln aus Windbäckerei gefeiert. Sogar Flüsse durchquerten diese Anlagen, raffinierte Mechanismen sorgten für lebensnahe Bewegung. Das Dessert war der vergnügliche Teil eines ansonsten noch immer von Zeremoniell geprägten Mahls.

Der Rückzug in die Natur des Gartens wurde zu einem wichtigen Bestandteil der höfischen Lebensart und oft zu einer Art Überlebensstrategie. Dekorative und funktionierende Musterdörfchen, wie das Hameau von Königin Marie-Antoinette (1755–1793), aber auch das Holländer-Dörfchen in Neuwaldegg vollendeten die Entwicklung einer Staffage, die dem Hof als Hintergrund für ein zwangloses Lebensgefühl diente. »Ici, je suis moi« (»Hier bin ich ich selbst«) sagte Marie-Antoinette über ihr Trianon. Für ihre Meierei in Rambouillet hatte sie an der Manufaktur von Sèvres ein »Service à l'étrusque« (1786/87) bestellt, dessen Weinkühler mit einem rustikalen Holzdekor versehene Milchkübel imitierten.

Der Wiener Porzellanmaler Georg Lamprecht (gest. 1828), der von 1784 bis 1787 an der Manufaktur von Sèvres tätig gewesen war, spezialisierte

Kat.-Nr. 36

Kat.-Nr. 35

Kat.-Nr. 37

Kat.-Nr. 129

sich unter dem Eindruck der Produktion in Frankreich auf Tiermalerei. Die Natürlichkeit der friedlich weidenden Schafe spiegelte die Sehnsucht nach ländlichem Idyll selbst bei Tisch. Eine Wiener Kaffeeschale mit dörflichen Ansichten, gerahmt von kostbarem Goldrelief, illustriert das Interesse am pittoresken Detail des Landlebens. Sogar das undichte Strohdach war ein willkommener Gegenpol zum höfischen Règlement.

Die sorglose Sicht auf Arkadien im Schäferkostüm war mit der Aufklärung endgültig durch antikisierende, gesellschaftsbezogene oder wissenschaftlich motivierte Visionen abgelöst worden. Die Formen des Porzellans waren schlicht und glatt, auch um der malerischen Dekoration Fläche zu verschaffen. Mit der Entwicklung der Farben und der Brenntechnologie konnte die Porzellanmalerei zu höchster Perfektion reifen und verfügte über alle Mittel, um die Atmosphäre der Gartenlandschaften wiederzugeben. Kaffeeschalen, Teller, Platten oder ganze Service wurden mit bekannten Parks und Gartenarchitekturen, wie Ruinen, Brücken, Eremitagen und Tempeln, nach den grossen Stichwerken der Zeit bemalt. In seinem Kochbuch *Der elegante Gaumen* publizierte Anton Hüppmann eine reiche Auswahl an Tafelaufsätzen, die den »Follies« der englischen Parks nachempfunden sind. Aus einer Mandel-Zucker-Masse konnten essbare Gebäude vom Rundtempel über türkische und chinesische Pavillons bis zur Rousseau'schen Hütte hergestellt werden.

Kaiser Joseph II. (1741–1790) öffnete einige Wiener Parks dem Wohl der Öffentlichkeit. Volksgarten, Augarten und Prater wurden im Laufe der Zeit mit Orten der Belustigung bestückt, die wiederum als Novitäten auf Porzellan wiedergegeben wurden. Dem Direktor der Wiener Manufaktur des Klassizismus, Conrad von Sorgenthal (1733–1805), war Aktualität neben dem Blick auf die Antike ein gleichwertiges künstlerisches Anliegen. So findet sich eine Ansicht des Zirkus Bach im Prater auf einer Wiener Tasse der Fürstlichen Sammlungen. Unbefangen spielende Kinder in Landschaftsgärten sind als neues Sujet ebenfalls ein Dokument der Aufklärung mit ihrem naturnahen Erziehungsideal. Ähnlich den Garten-

Kat.-Nr. 108

Kat.-Nr. 75

Chinesisches Cabinet | Lyra | Türkischer Pavillon | Rotunde | Springbrun von Carmehl Zucker

Nach: Anton Hüppmann, Der elegante Gaumen ..., Budapest 1835

pflanzen im englischen Park durften sie jetzt, unter Aufsicht der Vernunft, ihrem Wesen gerecht werden.

Der Liebe zur Gärtnerei und Botanik, die Kaiser Franz II. (I.) neben vielen anderen Mitgliedern des Hofes tatkräftig pflegte, sind umfangreiche Dessertservice des frühen 19. Jahrhunderts mit botanisch exakt dargestellten heimischen und exotischen Pflanzen zu verdanken. Der Kaiser hatte nicht nur ein »Hof-Botanik-Cabinet« gegründet, sondern auch einen Lehrstuhl für Blumenmalerei an der Akademie. Die Blumenklasse der Porzellanmanufaktur erlebte ihre höchste Blüte in der ersten Hälfte des 19. Jahrhunderts.

Um 1790 begann die grosse Zeit der weissen mythologischen Biscuitfiguren als Tafelaufsätze, die im Zusammenspiel mit kleinformatigen Vasen in Anlehnung an antike Vorbilder, wie die Medici- oder Borghese-Vasen, die Tafel in einen Miniaturgarten der Aufklärung verwandelten. Ab 1820 kamen grosse Kratervasen auch bei Tisch zum Einsatz, wurden mit frischen Pflanzen und Blumen aus den Gewächshäusern gefüllt und lösten den figuralen Tafelschmuck zunehmend ab.

Eigene Anwesen als Bildmotive auf Porzellan gehörten zu den beliebten Geschenken des späten 18. und frühen 19. Jahrhunderts. Wiener Porzellane wurden mit dem berühmten Blick über die Gärten des Schlosses Belvedere nach Bellotto bemalt, die Figurenstaffage der jeweils aktuellen Mode angepasst. Die kaiserlichen Parks von Schönbrunn, Laxenburg, Hetzendorf, der Hofburg und Schlosshof zierten Déjeuners, die als repräsentative vielteilige Ensembles einem Bilderalbum gleich eine Abfolge von Ansichten zeigen konnten. Als Souvenirs und Dokumente gingen sie oft als Präsente an familiär liierte Höfe. Eine Tasse mit einer Ansicht der Burg Liechtenstein und der Brühl von 1825 ist bereits ein Produkt des Biedermeier mit seinen Landpartien als Gesellschaftsspiel. Mit dem Biedermeier entwickelte sich neben der seit etwa 1810 von der Gebrauchsform losgelösten, reichen und farbberauschten Blumenmalerei auf grossen Porzellanplatten auch ein fast mikroskopischer Blick auf die bescheidenen Pflanzen des Hausgartens, die vor der Natur studiert wurden. Walderdbeeren, Veilchen, Vergissmeinnicht und Maiglöckchen zierten das Porzellan, selbst Grashalme galten als darstellungswürdiges Motiv. In der Kultivierung ihrer Einfachheit bedurfte die Natur keiner Zähmung mehr.

* Aus dem *Arrangement über das am 22ten April 1823 im Kaisergarten an der Hofburg zu Ehren Sr. Majestät des Königs von Neapel abgehaltenen Déjeuner dansant*, Haus-, Hof- und Staatsarchiv, Wien, Hofwirtschaftsamt

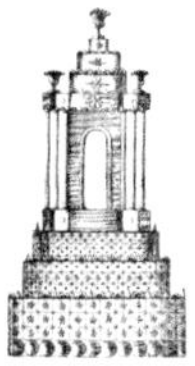

DES BUERGERS UND DES KAISERS NEUE LUST. FLANIEREN UND ANDERE VERGNUEGUNGEN

Alexandra Hanzl

In der Stadt ist den Wienern nicht wohl, sie lieben die freye Luft.*

Die Öffnung des Praters im Jahr 1766 als allgemein zugängliches Erholungsgebiet für die Bewohner Wiens per Erlass des Kaisers Joseph II. (1741–1790) war nur in Zusammenhang mit den vorherigen gesellschaftlichen Entwicklungen der Zeit der Aufklärung möglich. Die Nutzung dieses Gebietes als Ort der Erholung und des Vergnügens war damit nun nicht mehr nur dem Kaiserhaus vorbehalten, es entwickelte sich eine Begegnung der unterschiedlichen Stände und Gesellschaftsschichten auf diesem weitläufigen Gelände. Die Öffnung brachte einerseits eine grosse Popularität des Praters als Erholungsgebiet der städtischen Bevölkerung, andererseits zugleich auch eine Veränderung des »Freizeitverhaltens« der Wiener und Wienerinnen mit sich. Im ehemaligen kaiserlichen Jagdgebiet entfaltete sich innerhalb weniger Jahre zunehmend ein regelrechter Freizeit- und Vergnügungspark. Bürgerlichen Gastwirten und Kaffeesiedern wurde gestattet, sich im Prater niederzulassen; nach und nach entstanden auch vielfältige andere Einrichtungen, die der Unterhaltung dienen sollten und den Grundstein zum so genannten »Wurstelprater« legten.
Einige Jahre später (1775) machte Joseph II. den Augarten ebenfalls der Allgemeinheit zugänglich. »Allen Menschen gewidmeter Erlustigungs Ort von Ihrem Schätzer« ist noch heute im Giebelfeld des Hauptportals zu lesen. Auch das Glacis und die Basteien, bereits in Teilen seit längerer Zeit allgemein beliebte und das ganze Jahr hindurch gut besuchte Spazierplätze von Wien, erhielten in dieser Zeit eine Umgestaltung bzw. Regulierung zugunsten der Spaziergänger: Das Glacis wurde zur Beschattung mit Alleen bepflanzt und mit Laternen bestückt, Kaffeehäuser wurden errichtet, Fusswege angelegt; die Basteien machte Kaiser Joseph II. ebenfalls ab 1777 allgemein öffentlich zugänglich. Mit dem Volksgarten wurde schliesslich 1823 der erste eigens für das Volk angelegte, vom Staat finanzierte städtische Park in Wien geschaffen.
Das Verlangen nach Luft, Licht und Erholung im Grünen konnte für die Bewohner Wiens, das 1785 bereits über 210.000 Einwohner zählte, durch die Öffnung dieser Parks, die Neuschaffung des Volksgartens sowie die Zugänglichmachung weiterer Freiflächen nun wesentlich besser befriedigt werden. »In der Stadt ist den Wienern nicht wohl, sie lieben die freye Luft«, schrieb Anselm Desing bereits 1741. Zwischen etwa 1770 und 1800 entwickelten sich darüber hinaus in der Umgebung Wiens, wie etwa am Kahlenberg, Reisenberg (heute Kobenzl), Gallitzinberg oder in der Brühl (Hinterbrühl) bei Mödling diverse Naherholungsgebiete beziehungsweise Ausflugsorte, die in den Augen der Zeitgenossen innerhalb kurzer Zeit zu einem einzigen Landschaftspark zusammenwuchsen.
Nicht ohne guten Grund bezeichnete Géza Hajós die neu entstandenen romantischen Aussichtspunkte des landschaftlichen Ensembles um Wien als »Kultstätten einer neuen Naturliebe«. Nach und nach wurden diese Gegenden zum Teil mit Meiereien, Heurigen, Gast- und Kaffeehäusern bereichert, um auch die kulinarischen Bedürfnisse der Naturschwärmer zu befriedigen. Der Aufstieg auf die umliegenden Hügel Wiens wurde meist zelebriert und kam einem kleinen »Gipfelerlebnis« gleich, wurde jedoch unmittelbar auch reich belohnt. Jakob Alts (1789–1872) Aquarell *Amphitheater bei Mödling* (Kat.-Nr. 25) und Johann Novopackys (1821–1908) Lithographie *Grosse Wiese in der Brühl von der Meierei aus gesehen* (Kat.-Nr. 230) demonstrieren, was dem Ausflügler an seinem Ziel geboten wurde: die schöne, romantische Aussicht auf die umliegenden weitläufigen Landschaftsparks sowie das gesellige Beisammensein in einem der vielen Gastgärten.
Auch einige Wiener Aristokraten öffneten nach dem Vorbild Josephs II. ihre Gärten dem interessierten Publikum. Oft war die Zugänglichkeit der englischen Gärten von Privatpalais zumindest für interessierte Reisende möglich. Der liechtensteinische Garten in der Rossau (Kat.-Nr. 81), der in dieser Zeit von einem Barockgarten in einen englischen Landschaftsgarten überführt wurde, war seit dem Beginn des 19. Jahrhundert ein beliebter Ort der Naherholung. Hier konnte man nicht nur mit Blick auf das Barockpalais im Park lustwandeln (Kat.-Nr. 84), sondern sich auch in einer künstlich angelegten Grotte im »gedekten Wintergarten« unter dem barocken Belvedere des Johann Bernhard Fischer von Erlach vergnügen (Kat.-Nr. 86). In einigen Privatgärten wurden zur damaligen Zeit sogar Führungen abgehalten, um die Pracht des eigenen Gartens zu demonstrieren und den Besucher darüber hinaus auch zu bilden.
Durch die Verbreitung der englischen Landschaftsgärten ab ca. 1770 kamen dem Garten oder Park mit all seinen Bauten, Wasserflächen und Attraktionen auch in Österreich immer mehr neue Aufgaben zu: Er sollte »ergangen« werden, Überraschungseffekte sowie Abwechslungen bieten und die Spaziergänger mitunter auch unterhalten. Barocke Strenge und Ordnung wichen in dieser Zeit einer »natürlich angelegten Natur«, die es beim Flanieren und Lustwandeln auf unregelmässig geführten Wegen zu entdecken galt. Die Promenade im Park diente dazu, immer wieder neue Blickachsen zu entdecken und unterschiedliche Eindrücke zu gewinnen.
Auch in Privatgärten wurden mit der Einführung des neuen Gartenstils mit unregelmässig verteilten Naturszenerien die Unterhaltung und das Amüsement auf unterschiedliche Weise zelebriert. Die immer mannigfaltigeren Möglichkeiten der Erholung und des Vergnügens in den

Kat.-Nr. 91

Kat.-Nr. 95

Kat.-Nr. 99

Landschaftsgärten im englischen Stil demonstrieren sowohl Beispiele in kaiserlichem Besitz, wie etwa der Park in Laxenburg (Kat.-Nr. 90–101), unter Joseph II. und anschliessend vom späteren Kaiser Franz II. (I.) (1768–1835) ab dem Ende des 18. Jahrhunderts modernisiert, als auch zahlreiche Privatgärten von Adeligen oder hochgestellten Persönlichkeiten des Bürgertums, die auf Basis des liberalen, fortschrittlichen Gartenstils angelegt wurden, wie etwa der Garten des Industriellen und Hoftheaterdirektors Peter Friedrich von Braun (1758–1819) in Schönau an der Triesting (Kat.-Nrn. 104–106).
Beide genannten Gärten warteten mit einer Reihe an unterschiedlichsten Bauten und gestalteten Naturszenerien auf: Lusthäuschen, Tempel, Fischerdörfer, Eremitagen, Hameaus, Hütten und andere Staffagebauten, Wasserbecken, künstliche Grotten, Flüsse und Brücken thematisierten die Freizeit im neuen Gartentypus. Diese Ausstattung und Gestaltung der Landschaftsgärten mit Mobiliar, Voluptuarbauten und Wasserflächen diente nicht nur der optischen Verschönerung, sondern auch der Unterhaltung ihrer Gäste. Aus Beschreibungen geht hervor, dass beispielsweise das heute nicht mehr existierende »Haus der Laune« (Kat.-Nr. 98) im kaiserlichen Park in Laxenburg besonders eindrucksvoll gewesen sein muss. In diesem Lusthaus, von dem ein Modell aus dem Jahr 1799 erhalten ist und das der Hofarchitekt Ferdinand Hetzendorf von Hohenberg (1733–1816) etwa 1800 für Kaiser Franz II. (I.) errichtete, wurde eine »verkehrte« Welt präsentiert und übliche Wahrnehmungsmuster auf den Kopf gestellt: Der Weinkeller war unter dem Dach angesiedelt, verschiedenste Stile vereinten sich an der Fassade und es gab Räume, die mit Notenblättern (Kat.-Nr. 99), Stroh, Kupferstichen oder Spielkarten ausgekleidet waren. Die Deutungen dieses Gebäudes sind vielfältig, zeitgenössische Schilderungen beschreiben detailliert die Abfolge der Zimmer und deren Einrichtung, als würde man sie als Leser selbst betreten können.

Auch Peter Friedrich von Brauns englischer Landschaftsgarten in Schönau an der Triesting, der kurz vor 1800 angelegt wurde, hatte einige Überraschungen zu bieten. Darin befand sich neben zahlreichen Bauten die – heute leider nicht mehr in ihrer ursprünglichen Form erhaltene – als »Tempel der Nacht« bezeichnete Grotte. Auch hier war Johann Ferdinand Hetzendorf von Hohenberg der ausführende Architekt, auch hier muss man sich heute auf Beschreibungen und Bilddokumente verlassen, da die Grotte leider im Laufe der Jahrhunderte verwahrloste und ruiniert wurde. Dem damaligen Besucher bot sich jedenfalls ein unglaublich phantasievoll gestaltetes Ensemble, das durch diverse »Theatereffekte« wie Nebel, Donnergrollen und Wind bereichert wurde. Mehrere Räume schlossen aneinander, darunter eine Vorhalle, eine Bad-Grotte sowie das Tempelinnere, in dem bei Musikbegleitung nicht nur das Sternenfirmament aufblitzte, sondern sogar ein künstlicher Mond aufging.
Das Erlebnis dieser Grottenlandschaft muss die Krönung eines jeden Spazierganges durch den Park des Hoftheaterdirektors gewesen sein und grosse Begeisterung bei seinen Besuchern hervorgerufen haben. In der *Wiener Description* von 1812 heisst es dazu: »Mit einem Worte, man hat nichts unterlassen, das vorgesetzte Ziel zu erreichen, nämlich: den Beobachter zur Bewunderung, zum Erstaunen hinzureissen«.

* Anselm Desing, *Auxilia Historica Oder Historischer Behülff ... Von Denen darzu erforderlichen Wissenschaften*, Hof bei Regensburg 1741

Kat.-Nr. 63

Kat.-Nr. 229

Kat.-Nr. 230

UNTERHALTUNGEN IM WIENER PRATER

Alexandra Hanzl

Die neue Prater Lust oder daß vergnügte Wienn ...*

Die Öffnung des Wiener Praters für die Allgemeinheit hat eine lange Geschichte. Ursprünglich war der Eintritt generell verboten, seit einer Verordnung Rudolfs II. (1552–1612) aus dem Jahr 1592 ist der Prateraufenthalt nur einem kleinen, elitären Personenkreis vorbehalten gewesen. Unter Maria Theresia (1717–1780) beschränkte sich der Zutritt für ausgewählte Besucher (etwa Kavaliere zu Pferd) auf die Hauptallee und die unmittelbar anschliessenden Seitenwege. Erst mit dem Erlass vom 7. April 1766 und der damit verbundenen allgemeinen Öffnung durch Kaiser Joseph II. (1741–1790) fielen jegliche Einschränkungen: Nun durfte »... ohne Unterschied jedermann in den Bratter ...«
Der Kupferstecher, Verleger und Kunsthändler Hieronymus Löschenkohl (1753–1807), der vor allem mit seinen Schattenrissen berühmt wurde, rekurrierte in einem seiner Blätter auf diesen folgenreichen Moment und stellte in einer aus Silhouetten zusammengesetzten Promenadeszene die Inbesitznahme des Praters durch Menschen unterschiedlicher Schichten dar. Die Verordnung Kaiser Josephs II. zur Öffnung des Praters lag zwar schon länger zurück, dennoch brachte Löschenkohl dieses Ereignis in Erinnerung und verherrlichte damit die Leistungen des Kaisers. Den Kupferstich *Die neue Prater Lust oder daß vergnügte Wienn in seinem Geliebten IOSEPH* (Kat.-Nr. 48) kündigte der »Bildreporter« am 14. Juli 1781 in einer Beilage zur *Wiener Zeitung* folgendermassen an: »Der menschenliebende Monarch, der den Prater so niedlich verschönert hat, unterhält sich am Eingange desselben, ... über die mannigfaltige Mischung der Personen, die sich in diesem öffentlichen Orte belustigen. Minister und Feldherrn der ersten Größe, Fürsten und Fürstinnen vom ersten Range, ein Kaunitz, Schwarzenberg, Lascy, Laudon, Nadasdy, Paar, Auersperg, eine Schwarzenberg, Lobkowitz und mehrere wird jeder beym ersten Augenblick in ihren Schattenrissen erkennen, und um der Natur sowohl treu zu bleiben, als das Mannigfaltigste des Stückes zu vermehren, vermisst man auch Personen anderer Gattung nicht.«
Wichtige Vertreter der Aristokratie, prominent in der Nähe des Kaisers platziert, aber auch Personen anderer Stände wurden – ohne besondere Unterscheidungsmerkmale hinsichtlich ihrer Kleidung – in diesem Stich festgehalten. In einem zweiten Blatt (Kat.-Nr. 49) erkennt man die Arbeitsweise Löschenkohls: Die bühnenartige Grundkomposition, bewusst einbezogene Leerstellen sowie die Figuren im Hintergrund wurden vorab vom Künstler angelegt, die wichtigen Personen der Gesellschaft, die für den damaligen Betrachter eindeutig anhand ihrer Silhouette zu identifizieren waren, anschliessend im Vordergrund platziert. Die Darstellung Löschenkohls macht darüber hinaus deutlich, dass die Zurschaustellung der eigenen Persönlichkeit im Prater durch die zur Repräsentation angelegten Alleen erleichtert wurde. Hier gab man sich nicht nur gerne dem Lustwandeln hin, sondern auf diese Art und Weise zeigte man sich auch und machte darüber hinaus von sich reden.
Galt das Spazieren lange Zeit als unmoralisch sowie als Müssiggang und als ein Vorführen der eigenen Eitelkeit, so wurden vor allem im Prater nun das Flanieren, die Promenade sowie das Sehen und Gesehenwerden zum wesentlichen Bestandteil eines Ausflugs – sei es zu Fuss (Kat.-Nr. 56), zu Pferd (Kat.-Nrn. 53, 55) oder mit der Kutsche (Kat.-Nr. 62). Im gesellschaftlichen Leben spielte das Flanieren und Promenieren in dieser Zeit aus Repräsentationsgründen eine aussergewöhnliche Rolle. Anselm Desing (1699–1772) beschrieb bereits 1741 eine Spazierfahrt des Adels zum Prater: »Der hohe Adel stellet bißweilen eine Spatzier-Fahrt an, etliche hundert Kutschen gehen zum Stuben-Thor aus auf dem Glacis biß zum Schotten-Thor, da sie umbkehren, im begegnen ihre Begrüssungen und Affecten einander bezeigen und gemächlich den Weg nach dem Prater nehmen: welcher ein über die massen lustiges, reines Wäldlein auf einer Donau-Insul ist. Gleich darneben ... seynd auch gewöhnliche und allgemeine Spatzier-Gäng.«
Rasch und durch seine Beliebtheit gefördert, veränderte sich im Prater auch das Unterhaltungsangebot: Feuerwerke, Ballonfahrten und Zirkusvorführungen zogen mehrmals im Jahr Tausende Menschen an. Der Chronist Johann Pezzl (1756–1823) erwähnte 1786 die beliebtesten Vergnügungen der Wiener Bürger, denen man sich unter anderem im Prater hingeben konnte: »Der gemeine Mann in Wien liebt Schmauß, Tanz, Spektakel, Zerstreuung. Er spaziert an Festtagen fleißig in den Prater und Augarten, besucht Heze und Feuerwerk, fährt auch wohl mit seiner Familie über Land, und bestellt sich allenthalben einen wohl bedekten Tisch.« Das immer vielfältigere Angebot mit Kaffeehäusern, einem Zirkus und einem Panoramagebäude kam diesen Bedürfnissen sehr entgegen.
Immer ungewöhnlichere Attraktionen wurden geschaffen, die der Belustigung dienten und neue Möglichkeiten des Zeitvertreibs mit sich brachten. Besonders beliebt waren die Kunstfeuerwerke von Johann Georg Stuwer (1732–1802, k. k. priv. Kunst- und Lustfeuerwerker), der von Kaiser Joseph II. für seine Grossveranstaltungen die Jesuitenwiese (später Feuerwerkswiese) im Prater zugeteilt bekam und Mitte der 1770er Jahre sein erstes grosses Feuerwerk in Wien entzündete (Kat.-Nr. 60). Stuwer, dessen Familie die Kunst der Pyrotechnik auch nach seinem Tod weiterführte, bezog in seinen beliebten Vorstellungen – gleich seinem »Pendant« Hieronymus Löschenkohl (1753–1807) –

Kat.-Nr. 49

Kat.-Nr. 48

Kat.-Nr. 60

Kat.-Nr. 59

Kat.-Nr. 178

aktuelle zeitgeschichtliche Ereignisse mit ein. Der grosse Andrang bei den Feuerwerken zur Tages- und Nachtzeit machte bald die Errichtung von Gerüsten und einer Zuschauertribüne notwendig. Auf einem kolorierten Kupferstich eines unbekannten Künstlers (Kat.-Nr. 59) kann man Teile dieser Anlage erkennen, wo gemäss der damaligen Inszenierung von Feuerwerken auch aufsteigende Ballone zu sehen sind. 1784 liess Stuwer, angeregt durch erste in Wien durchgeführte Ballonfahrten, während einer Vorführung einen bemannten und durch Seile befestigten Ballon auf der Feuerwerkswiese steigen; 1791 gelang Jean-Pierre Blanchard (1753–1809) die erste Freiballonfahrt, die Ballonfahrten von diesem Platz aus – gelegentlich auch mit Fallschirmsprüngen kombiniert – wurden in den nächsten Jahren zur Tradition.

Mit den Feuerwerken wurden auch häufig Zirkusdarbietungen verbunden. Der Zirkus Bach, benannt nach seinem Betreiber Christoph de Bach (1768–1834), befand sich südlich der Hauptallee auf der noch heute existierenden so genannten Zirkuswiese (Kat.-Nr. 57). Der mit einer grossen Glaskuppel gekrönte Bau wurde von Josef Kornhäusel (1782–1860) errichtet. Seine Hochblüte hatte dieser Zirkus während des Wiener Kongresses. Schräg gegenüber befand sich das Dritte Kaffeehaus, eines von insgesamt drei Kaffeehäusern, die nach der kaiserlichen Genehmigung für Kaffeesieder, sich im Prater niederzulassen, in der Hauptallee errichtet worden waren. Diese Kaffeehäuser entwickelten sich nicht nur zu geschätzten Treffpunkten, wo man sich kulinarischen Genüssen hingab – auch regelmässige Musikvorführungen erfreuten sich hier besonderer Beliebtheit (Kat.-Nr. 62). In der Hauptallee befand sich darüber hinaus eine weitere besondere Attraktion: ein Panorama, das 1801 von William Barthou errichtet worden (Kat.-Nr. 56) und mit diversen aufwändigen technischen Raffinessen ausgestattet war. Gezeigt wurden ursprünglich Rundgemälde europäischer Städte, nach einiger Zeit wurden diese Grossschauen jedoch auch hier von Zirkusdarbietungen abgelöst. Nicht zuletzt auch aufgrund des immer grösser werdenden Angebotes erlangte der Prater für die Wiener Bevölkerung binnen kürzester Zeit grosse Beliebtheit als wichtigster grüner Freiraum. Die volkswirtschaftliche Auswirkung und Tragweite der Öffnung des Wiener Praters lässt sich bereits 1766 daran ermessen, dass der Kaiser noch im gleichen Jahr eine Bestimmung erliess, die den Besuch des Gebietes und seiner Gaststätten an den Sonn- und Feiertagen vor 10 Uhr Vormittag verbot, um den Kirchenbesuch nicht zu gefährden.

Aufgrund seiner günstigen Lage und seiner vielfältigen Attraktionen errichteten auch einige Adelsfamilien ihre Sommerresidenzen in Praternähe. Nicht nur Graf Gallitzin, sondern auch die Fürsten von Liechtenstein siedelten sich 1810 im Bereich des Praters an. Fürst Johann I. von

Liechtenstein beauftragte den Architekten Josef Kornhäusel (damals Direktor des fürstlich liechtensteinischen Bauamtes) mit der Errichtung des so genannten Lusthauses am Schüttel (1814–1816) (Kat.-Nr. 241). Neben dem klassizistischen Schlösschen gab es auf dem Grund eine Meierei, die verpachtet wurde, sowie Stallungen und ein seit 1717 existierendes Badehaus, das viele Jahre eines der Lieblingsbäder der Wiener blieb. In der Nähe des Zirkus Bach und des Dritten Kaffeehauses gelegen, bot dieses Lusthaus vielerlei Vorzüge: »... Es empfiehlt sich durch die herrliche Lage. Es vereinigt ländliche Stille mit ländlichen Genüssen mitten im Geräusche der großen Stadt, und entspricht daher vollkommen seiner Aufschrift: Agrestia miscet gaudia urbanis. ... Gewiss gibt es keinen Punct im Prater mehr, der einem Lustgebäude solche Vortheile gewähren könnte, und der zugleich weder ganz abgeschnitten von den bewohnten Gegenden der Stadt, noch dem Geräusche und Getümmel des Praters ganz ausgesetzt ist.« Ferdinand Runks (1764–1834) 1817 entstandene Gouache (Kat.-Nr. 178), die das liechtensteinische Lusthaus am Schüttel festhielt, macht dem Betrachter diese gute Lage im Anschluss an eine grosse Freifläche bewusst: Sie schirmte von dem bunten Treiben in der vorgelagerten Hauptallee räumlich ein wenig ab, gab aber dennoch den Blick auf das Geschehen frei. Reitende, fahrende, spazierende Gesellschaften sowie einige Personen beim Picknick werden interessiert von den Bewohnern des Schlösschens aus der Distanz beobachtet.

Der Prater, der als grosser Naturpark bereits 1403 urkundlich nachweisbar ist, faszinierte von jeher die Künstler. Vor allem in der Biedermeierzeit, als der Landschaftsdarstellung eine künstlerisch führende Rolle eingeräumt wurde, diente die Praterlandschaft den Malern als beliebtes Motiv. Rudolf Matthias Toma (1792–1869) hielt in Anlehnung an die *Parthie aus dem Prater* (1831) des befreundeten Malers Ferdinand Georg Waldmüller (1793–1865) eine monumentale Pappel auf einer Praterwiese fest (Kat.-Nr. 43). Die hier anzutreffende idyllische Darstellung der Natur kennzeichnet auch den früher entstandenen Kupferstich von Heinrich Reinhold (1789–1825) mit dem Titel *Partie aus dem Prater* (Kat.-Nr. 44).

Auch diese Künstler, die eine gänzlich andere Seite des vielfältigen Landschaftsgebietes Prater festhielten, »ergingen« ihre Motive, um im Freien die landschaftlichen Reize festzuhalten. Sie genossen dabei mit Sicherheit ebenfalls das Spazieren und Flanieren.

* Titel des am 14. Juli 1781 in einer Beilage zur *Wiener Zeitung* publizierten Kupferstichs von Hieronymus Löschenkohl

EIN IMPERIALES REFUGIUM. LAXENBURG

Johann Kräftner

O dieser See, und dieses Inselreich,
Ist es der Bucht Neapels, Bajäs gleich?*

Der grosse Gartentheoretiker Christian Cay Lorenz Hirschfeld (1742–1792) berichtet in seinem letzten, 1785 erschienenen Band seiner *Theorie der Gartenkunst* auch von der Anlage in Laxenburg südlich von Wien. Erwähnen frühere Reisende, die den Garten schildern, noch immer die barocke Anlage, spricht Hirschfeld erstmals von den Umformungen im englischen Stil: »Indessen läst jetzt der Kaiser zu Laxenburg einen neuen schönen Garten, der vor einigen Jahren angefangen ist, in einem edlen Geschmack anlegen. ... Das Wasser verbreitet sich in schönen Wendungen, und die weit ausgedehnten Rasen machen mit den grossen Gruppen und Pflanzungen, die auf ihnen in abwechselnden Gestalten erscheinen, einen ergötzenden Anblick. Ohne Zweifel werden sich diese Anlagen mehr erweitern und ausbilden, wenn der Monarch zu den sanften Geschäften des Friedens ganz wieder zurückkehren kann.« Hirschfeld sah den Beginn einer lange andauernden Unternehmung, zu der Kaiser Joseph II. durch seinen Besuch bei Jean-Jacques Rousseau (1712–1778) und im Garten von Ermenonville in Frankreich den Grundstein gelegt hatte. Als Architekt wurde von ihm Isidore Canevale (1730–1786) beauftragt; die Federzeichnung seines »General Plan Von dem neu angelegt englischen Garten, ... bey dem Kayserl. Lust Schloßse zu Laxenburg im Jahr 1742« wurde von J. E. Mansfeld auch in Kupfer gestochen. Man merkt diesem ersten Entwurf noch die rationalistisch-frühklassizistische Haltung an und spürt geradezu das Unbehagen mit den für Wien noch so neuen organisch-weichen Formen. Unterstützung erfuhr Canevale – von ihm stammte auch der Entwurf zur Modernisierung des Schlosses der Familie Liechtenstein in Eisgrub – durch den belgischen Ingenieur Lefebure d'Archambault, der in Laeken bei Brüssel für die Anlage um das königliche Schloss verantwortlich zeichnete und 1783 nach Laxenburg berufen wurde. Inhalt dieses Planes waren unterschiedlichste Gartenarchitekturen, die ganz im Sinne eines frühen Historismus in jedem Gartenkompartiment Häuschen entsprechend dem Stil der verschiedenen Landesteile der Monarchie vorsahen.

Einen nächsten Impuls setzte Kaiser Franz II., der nicht nur die josephinische Anlage pflegte, sondern 1793 mit dem 290 Klafter langen Kanal mit einer Hängebrücke und zwei Wasserschleusen, der Errichtung des Tempels der Eintracht 1795 und der Aufstellung der Reiterstatue von Kaiser Joseph II. 1796 bald neue Akzente setzte.

Eine wichtige Rolle für Laxenburg spielte der Hofarchitekt Johann Ferdinand Hetzendorf von Hohenberg (1733–1816), der Canevale eigentlich vorgesetzt war; der von Giuseppe Alessandro Moretti entworfene Tempel der Eintracht bot zusätzliches Konfliktpotential mit Hohenberg, der in seinem »Befund des für den Allerhöchsten Hof neu erbauten Tempels zu Laxenburg« heftige Kritik an den seiner Überzeugung nach falschen Proportionen des Monopteros übte. Hohenberg selbst hatte Gelegenheit, für Kaiserin Marie Therèse von Bourbon-Habsburg aus Neapel (1772–1807) eine Fülle von Staffagebauten zu errichten, die die Sehnsucht nach dem bukolisch-einfachen Leben und ein gewisses Mass der Zuneigung zur Unordnung zum Ausdruck brachten. Grosses Vorbild waren hier natürlich die Bauten im Hameau von Trianon bei Versailles, in dem sich Königin Marie Antoinette (1755–1793) ihr Refugium vor dem starren Hofzeremoniell im nahen Versailles geschaffen hatte. Hohenberg zeichnete in Laxenburg für das Haus der Laune, die Eremitage und die Chinesische Brücke verantwortlich, Gottlieb Nigelli (1744–1812) für den Holzstoss und die Türkische Moschee; das Fischerdörfl mit dem Fischertempel, das die Kaiserin an ihre südliche Heimat erinnern sollte, entstand wahrscheinlich nach Entwürfen von Schülern der Kaiserlichen Akademie. In der zeitgenössischen Literatur wurden diese exotisch anmutenden Bauten sehr schnell als Zeugnisse der Verrücktheit der Kaiserin abqualifiziert.

Das Bauwerk, in dem sich der exotische Geschmack der Kaiserin wohl am ausgeprägtesten zeigte, war das Haus der Laune, schon in seiner Aussenerscheinung ein Pasticcio verschiedenster Elemente: »Die Bauart von unten ist ägyptisch und gothisch, die Balustrade wird durch Hunde und Katzen (das Bild der Uneinigkeit) vorgestellt. An den vier Seiten sind ebenso viele Thürme. Der eine stellt eine Festung vor; der andere ein Vogelhaus; der nächste ein Modell vom Paradeplatz auf der Burgbastey, und der letzte ein Taubenhaus«, beschreibt Franz de Paula Gaheis (1763–1809) im 4. Band seiner *Wanderungen und Spazierfahrten in die Gegenden um Wien* dieses ungewöhnliche Monument. Auch im Inneren war jeder Raum einem bestimmten Thema gewidmet, das Konfektzimmer, das Musikzimmer, das Strohzimmer oder das Kupferstichzimmer evozierten ganz unterschiedliche Raumstimmungen, sowohl durch die Wanddekoration als auch die Art der Möblierung bestimmt. All diese Bauten waren nur von sehr kurzem Bestand, 1809 wurde Laxenburg von den Franzosen geplündert, 1813 gestaltete man die Ruine des Hauses der Laune zum Lusthaus im Eichenhain um. Ein detailreich ausgeführtes Modell im Wien-Museum und die hauptsächlich in der Albertina verwahrten Pläne sind die wichtigsten Dokumente dieser mit sehr viel Lokalkolorit behafteten Variante einer sprechenden Architektur. 1809 wird von Graf Alexandre de Laborde – Eigentümer des von Hubert

Robert gestalteten Gartens von Méréville und Herausgeber des Werkes *Voyage pittoresque en Autriche* (1821) – bei seinem Besuch in Laxenburg die Ausgewogenheit zwischen den barocken und den neuen englischen Teilen beobachtet: »Der Park von Laxenburg ist unregelmässig, aber nichtsdestoweniger hat er noch die wunderbaren Alleen mit den grossen Bäumen, die er einstmals hatte, bewahrt; und die zwei Typen englisch und französisch sind in vollkommener Weise kombiniert«.

Nach dieser ersten Generation von Lustgebäuden, die sehr schnell verschwunden waren, begannen rasch die neuen Gebäude im Geschmack des gotischen Rittergaus das Erscheinungsbild von Laxenburg zu dominieren: Mit der Geburtsstunde der Laxenburger Gotik begann sich der Historismus langsam als die neue bestimmende Stilrichtung durchzusetzen.

Eine wichtige Rolle in diesem Prozess spielte ab 1798 der Laxenburger Schlosshauptmann Johann Michael Sebastian Riedl von Leuenstern (1763–1850). Aus seiner Verteidigung gegen die Vorwürfe, er hätte für die Anlage zu viel Geld ausgegeben, wissen wir über seine Rolle für diese Phase genau Bescheid: »Ohne Beyhabung eines Architecten« schuf er 1799–1804 »den aus blossen von ihm mühsam gesammelten Alterthümern zusammengesetzten Bau der Franzensburg, des Turnierplatzes, der Garten Meyerey, der Cascaden am großen Garten Canal und im Fischer Dörfel …« Freilich sicherte sich der alte Hohenberg auch in dieser Zeit noch eine wichtige Rolle und musste 1807 von Riedl beim Bau der neuen Reitschule beigezogen werden.

Schon 1798 war nach dem Ankauf eines grossen Stückes Land im Osten in Richtung Achau mit dem Bau des Ritterschlosses, der Nachempfindung der Habsburg in der Schweiz, begonnen worden. Auch hier führten Riedl und vor allem der Kaiser selbst Regie. Interessant ist, dass für den Bau der Franzensburg, wie dieser Komplex sehr bald genannt wurde, nicht nur Spolien aus allen Teilen der Monarchie zusammengetragen wurden – unter anderem wurde die berühmte Capella Speziosa in Klosterneuburg dafür geopfert –, sondern Ähnliches auch auf dem Gebiet der Pflanzen passierte. So übersandte im März 1800 der liechtensteinische Gartendirektor von Petri, der aus Schwetzingen stammte, 40.000 Akaziensetzlinge aus der Zucht in Eisgrub nach Laxenburg. Auch aus dem selbst vom Kaiser bewunderten benachbarten Garten der Familie Harrach in Bruck brachte man Bäume nach Laxenburg.

Entstanden ist schlussendlich eine ruinenhafte Habsburg, die Franzensburg, ganz anders, als von Hohenberg in seinen Plänen zum Ausbau dieses Ortes ursprünglich vorgesehen. Er hatte keine wie immer geartete Kopie der Stammburg des Erzhauses, sondern ein hochaufragendes Monument auf einem künstlich aufgeschütteten Berg geplant. Über den gewaltigen Substruktionen mit den Catacomben für die Ahnengalerie der Habsburger sollte ein in die Höhe strebendes Schloss über dem Grundriss eines sechseckigen Sternes stehen.

Die reale Umsetzung ergab ein viel nüchterneres Projekt. Die fast schon sprichwörtliche Sparsamkeit des Herrscherhauses liess auch hier unter dem offensichtlich strengen Regime Riedls die hochfliegenden, vielleicht auch unrealistischen Ideen des schon alten Hohenberg rasch auf ein realistisches Mass schrumpfen. Der Aufwand, diese kleine Version zu schaffen, war trotzdem noch gross genug, um eine ganze Generation zu beschäftigen. »Man zollt willig dem Werke Bewunderung, wenn man diese ganze Parthie ehemahls a[illegible]en hat,« lobt Gaheis, »und sie nun mit diesen künstlichen [illegible]en von Höhe und Tiefe vergleicht. [illegible] den nächsten Gebirgen hieher [illegible] Gemächer des künstlichen Felsenberges kann man von der Seeseite auf Kähnen gelangen. Dort zeigt man dem Ankömmling das von einem Schweizer aus Gyps geformte Modell des alten Stammschlosses der Habsburger.« Vom Turm schaute der Autor über »eine weite Landschaft mit all ihren unzähligen Gebäuden tief unter seinen Füßen.« Einen ähnlichen Überblick gibt uns der Plan von Peter Joseph Lenné (1789–1866) von 1815, der auf der einen Seite eine Bestandsaufnahme dessen zeigt, was unter Riedl geschehen war, auf der anderen Seite Lennés Ideen zu einer Weiterentwicklung der Anlage vorbringt. Dass auch der junge Lenné keine Chance hatte, sich mit seinen Ideen gegen den am Wiener Hof offensichtlich protegierten Riedl durchzusetzen, mag Lennés rascher Abgang aus Laxenburg beweisen. So konnten Riedl und der Kaiser selbst ihre dominante Rolle weiterhin ungetrübt einnehmen. Stolz liess sich der Kaiser schon 1807 in der nach Zeichnungen Johann Nepomuk Hoechles (1790–1835) 1807 entstandenen Stichfolge *Hauptmomente aus dem Leben Sr. Majestät Franz I. Kaisers von Österreich …* mit seiner Familie vor seinem Lebenswerk, der Franzensburg, abbilden.

* J. Wiedemann, *Malerische Streifzüge durch die interessantesten Gegenden um Wien*, Band 1, Wien 1805. Beginn eines Gedichtes auf den neu geschaffenen See in Laxenburg

Kat.-Nr. 92

Kat.-Nr. 93

Kat.-Nr. 94

Kat.-Nr. 96

Kat.-Nr. 97

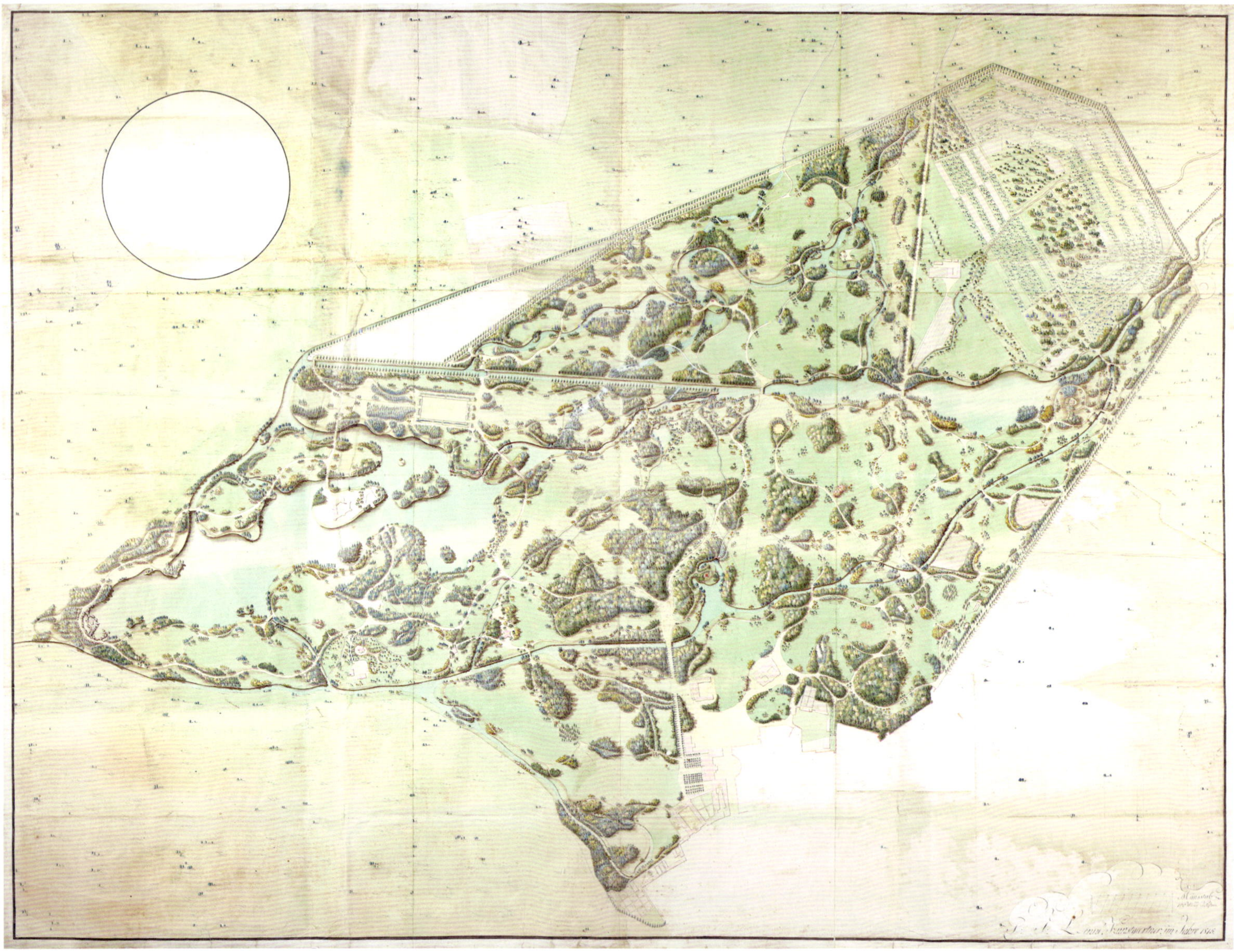

Kat.-Nr. 100

Kat.-Nr. 101

STETER WANDEL. DER GARTEN DES FUERSTLICH LIECHTENSTEINISCHEN SOMMERPALAIS

Johann Kräftner

Wenn von aussen die ganze Natur in das starre Gewand des Winters gehüllet ist, glaubt man sich hier unter diesen magischen Gewölben plötzlich in eine andere Welt gezaubert ...*

Nur an wenigen Anlagen des späten 18. und beginnenden 19. Jahrhunderts lässt sich der Wandel vom Barock- zum Landschaftsgarten so plakativ nachvollziehen wie beim Garten des fürstlich Liechtenstein'schen Palais in der Rossau. In einem kürzlich aufgefundenen und hier erstmals publizierten Plan, der das bisher früheste bekannte Projekt für die Gesamtanlage zeigt, ist schon die grundsätzliche Disposition der späteren Gestaltung vorgezeichnet: Hinter einem ersten Kompartiment, an dem wie im endgültig realisierten Projekt die Stallungen liegen, ist der Hauptbaukörper einer perfekt symmetrisch angelegten Villa suburbana situiert, die ganz einem palladianisch-serlianischen Modell entsprechend von aussen an allen vier Seiten durch Freitreppen erschlossen wird.
Dahinter, direkt an die Villa anschliessend, liegt ein weiteres, durch kreuzförmige Mittelachsen gegliedertes Gartenkompartiment. Darauf folgt, durchaus Typen entsprechend, die wir aus oberitalienischen Villenanlagen kennen, ein Teil, der vielleicht als Obstgarten gedacht war. Den Abschluss der Anlage bilden zwei grosse Wasserbecken und ein zweiter mittlerer Baukörper, der in seiner Situierung dem späteren Gartenbelvedere perfekt entspricht. Nach aussen zu scheint das gesamte Areal durch eine Mauer abgeschlossen gedacht, die nach innen von Arkaden- oder Laubengängen umfangen ist; vielleicht kann man sich diesen frühen Garten des Barock ähnlich umfangen vorstellen wie die Grosse Kolonnade, die Bischof Karl Liechtenstein-Kastelkorn (1623–1695) 1675 als Westabschluss seines Blumengartens bei seiner Residenz in Kremsier (Mähren) hatte errichten lassen.
Das vorliegende Projekt zeigt offensichtlich eine Planungsstufe aus der Zeit, als Johann Adam Andreas von Liechtenstein (1657/1684–1712) am 17. Juni 1687 mit dem Kauf eines zusammenhängenden Grundstückes des Fürsten Johann Ferdinand Franz Auersperg (1655–1705) den Erwerb aus verschiedenem Streubesitz so zum Abschluss bringen konnte, dass er an die Verwirklichung seines Gesamtprojektes in der Rossau denken konnte. In einem nächsten Schritt hat er dann Johann Bernhard Fischer von Erlach (1656–1723) eingeschaltet, dem das grundlegende Konzept des Barockgartens zugeschrieben wird; seine Tätigkeit ist durch eine mit 31. März 1687 saldierte Rechnung in den Fürstlichen Sammlungen nachweisbar. Am 16. Juni 1688 wurde auch schon ein Gärtner angestellt, der für sein Honorar zwei Gärtnergesellen beizustellen hatte.
Der barocke Zustand nach der Realisierung des Gesamtprojektes ist am augenfälligsten in den beiden Veduten Bernardo Bellottos (1722–1780) nachzuvollziehen. Eine der beiden gibt uns im *Blick von der Terrasse des Gartenbelvedere zum Palais* eine eindrucksvolle Übersicht über den gesamten Garten mit seiner kostbaren Skulpturenausstattung. Die Bilder Bellottos entstanden im Auftrag von Fürst Joseph Wenzel von Liechtenstein (1696/1748–1772) 1759/60. Sein Nachfolger Fürst Franz Josef I. (1726/1772–1781) setzte die Initialzündung zur Umwandlung in einen englischen Garten und gab einen ersten Teil der barocken Gartenskulpturen zum Verkauf frei. Durch die Rechnungen, die im fürstlichen Archiv verwahrt sind, werden wir häufig von Wiederherstellungsarbeiten nach Hochwässern der nahe gelegenen Donau in Kenntnis gesetzt, die wahrscheinlich auch die Sandsteinskulpturen und -vasen des Gartens trotz ihres jungen Alters in Mitleidenschaft gezogen hatten.
Plandokumente zu dieser frühen Phase der Abänderung des Gartens sind nicht nachweisbar. Die ersten diesbezüglichen Quellen stammen aus der Regierungszeit von Fürst Alois I. (1759/1781–1805), der das Gartenprojekt in der Rossau intensiv weiter betrieb. Einen Abschluss fand das Unternehmen unter Fürst Johann I. (1760/1805–1836) mit der Übersiedlung des Kernes der Fürstlichen Sammlungen in das Gartenpalais und der Öffnung von Palais und Park für das allgemeine Publikum. Der vorläufige Endpunkt der Entwicklung war eine Anlage, die fast wie ein Idealmodell über alle Features eines Landschaftsgartens, Wasserflächen, freie Wiesen und heute mächtige Solitärbäume – die grössten Platanen Wiens stehen hier – verfügte. Ausgangspunkt der Umgestaltung war die Entscheidung von Fürst Alois gewesen, »neue Parthien und einen solche durchschlängelnden Wasserlauf« anzulegen. 400 Fuhren Steine sollten das Gelände modellieren, unter den so entstandenen Felsgruppen »finstere Höhlen« entstehen; ein Wasserfall »nimmt hier seinen Ursprung und fällt beinahe 3 Klafter hoch herab und verursacht ein starkes angenehmes Geräusch.«
Der um 1801 entstandene Plan Philip Prohaskas, seit 1796 Gärtner in der Rossau, zeigt die dicht verschlungenen Wege; freilich waren dem Fürsten die Ausgaben für diese intensive Umgestaltung zu hoch, sodass die Arbeiten erst 1806 unter Johann I. ernsthaft in Angriff genommen wurden. Ständig hatte der Gärtner darauf zu achten, dass sich die Ausgaben für den Ausbau und die Erhaltung beziehungsweise die Einnahmen, die man aus dem Verkauf der am Gelände geernteten Früchte, sofern sie nicht an die fürstliche Zuckerbäckerei abgeliefert werden mussten, sowie der in den Baumschulen gezogenen Bäume, im Gleichgewicht hielten. Vor allem Lieferungen von Platanen, damals schon ein kostbarer Baum, nach Feldsberg und Eisgrub werden immer wieder erwähnt. Mit der Zucht dieser Platanen hatte man den Nachrichten

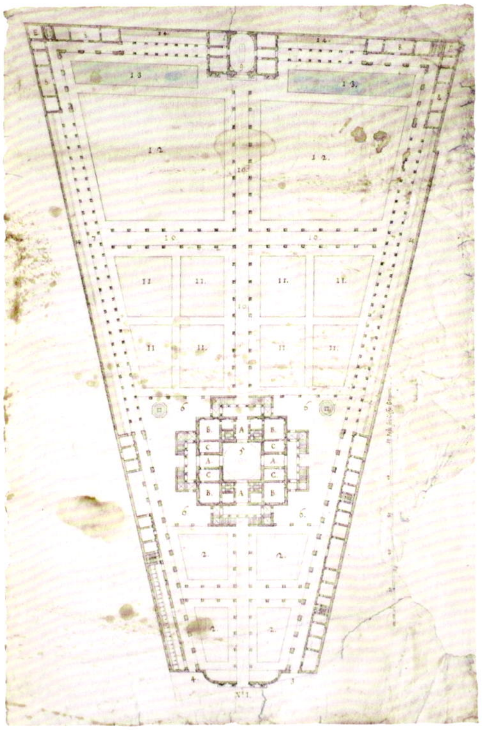

Kat.-Nr. 79

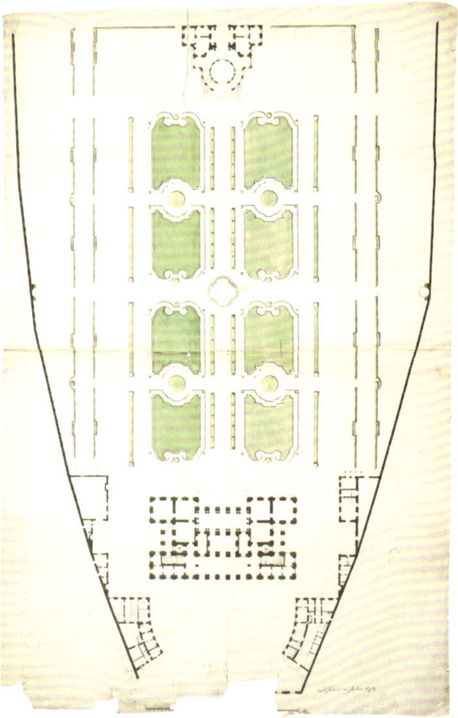

Kat.-Nr. 80

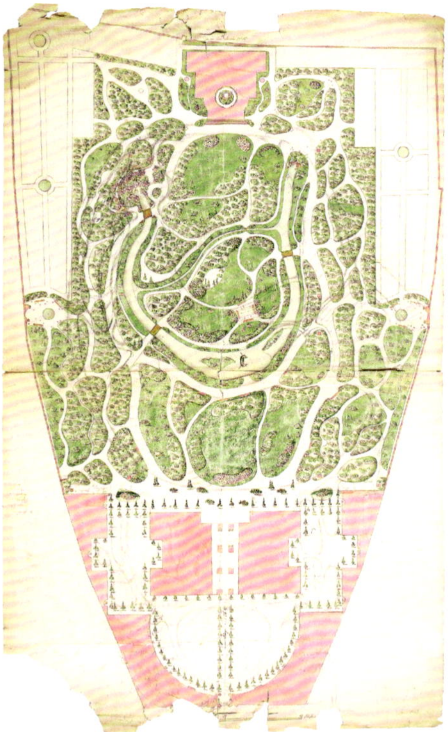

Kat.-Nr. 81

Kat.-Nr. 67

Kat.-Nr. 84

Kat.-Nr. 86

zufolge 1798 begonnen. Prohaska muss von grossem Ehrgeiz beseelt gewesen sein, erst eine fürstliche Entscheidung trennte die Aufgaben des Gärtners und des Architekten klar.
Der Stich Johann Zieglers (1749–1802) nach der Vorzeichnung von Carl Schütz (1745–1800) gibt den »Pallast der Gemaelde-Sammlung S. D. des Fürsten Liechtenstein ...« schon mit durch den Garten flanierenden Besuchern wieder. 1793 wurde der fürstliche Baudirektor Joseph Hardtmuth (1758–1816) damit beauftragt, das bestehende Einfahrtstor zwischen den Stallflügeln, die den Ehrenhof abschlossen, neu zu gestalten. Nach dessen Einsturz verkürzte 1814 sein Nachfolger Joseph Kornhäusel (1782–1860) diese Flügelbauten und ersetzte sie durch einen gusseisernen Gartenzaun, um das Areal auch sichtbar zu öffnen. Ein letztes Zeichen dieser neuen Offenheit setzte schliesslich die Inschrift über dem Portal, die noch heute den Besucher begrüsst: Unter dem Motto »Der Kunst, den Künstlern« wurde das gesamte Areal der Allgemeinheit geöffnet. Mit den Adaptierungsarbeiten für die Unterbringung der Sammlung aus dem Majoratspalais in der Bankgasse hatte man ebenfalls schon kurz nach 1790 begonnen, damals wurden beispielsweise durch Joseph Hardtmuth die Steinböden im ersten Obergeschoss durch die heute noch existierenden Nussholzböden ersetzt. Natur und Kunst konnten so auf diesem Areal in idealer Weise einander begegnen. Wie intensiv, mag vielleicht ein Vorfall vom 19. August 1810 belegen, als zwei Damen, die Gemahlin eines Regierungsrates und die Witwe eines Beamten, von einem zahmen, auf dem Gelände gehaltenen Hirschen angegriffen wurden. Es kam zu polizeilichen Ermittlungen, das Protokoll belegt, dass man die Affäre möglichst zu kalmieren versuchte.
Aus dem Jahr 1812 erfahren wir, dass die fürstliche Hofkanzlei den Umstand, dass der Fürst das Areal und vor allem das Museum der Öffentlichkeit kostenlos zur Verfügung stellte, auch als Argument für eine möglichst niedrige Besteuerung ins Treffen führte.
Unter dem barocken Gartenbelvedere wurde ab 1829 – in einer vielleicht schon vorher existierenden Sala terrena – eine Grotte mit einem vorgelagerten Glashaus eingebaut. Auch davon besitzen wir in der lithographierten Randvignette im *Polizeibezirksplan* von Carl Graf von Vasquez (1796–1861) und der Lithographie des *Fürstlich Liechtensteinschen Wintergartens* (1832) von Franz Wolf (1795–1859) bildliche Dokumente.
In der *Wiener Zeitschrift für Kunst, Literatur, Theater und Mode* erschien darüber ein Beitrag von F. C. Weimann unter dem Titel *Der Wintergarten am Pallaste Sr. Durchlaucht des Fürsten von Liechtenstein.* Diese Beschreibung bringt uns ganz erstaunliche Facetten zur Kenntnis: »Das Glashaus zur Linken des erwähnten Mittelsaales ist überdieß bevölkert durch mehrere Affen und Papageyen, welche ... den Reiz des Ganzen durch Pracht ihres Gefieders und ihrer eigenthümlichen Erscheinung sehr erhöhen ... die Erdgeschosse des Gartenpalastes [gemeint ist das Belvedere] ... sind zu einem wahrhaft magischen Aufenthalte umgestaltet worden. Die Pfeiler sind auf Felsenart bemalt, durch künstlich zusammengesetzte Steingebilde ist der Täuschung möglichst nachgeholfen. Pflanzungen von Nadelgehölzen sind damit in Verbindung gebracht, ein Bach ist durch die Gewölbe geleitet, auf dessen klaren Wellen stolze Schwäne umherschwimmen. Silberfasane treiben sich auf labyrinthischen Gängen umher, und durch die eingesetzten Fenster von farbigem Glaße verbreitet sich ein eigenthümlicher zauberischer Glanz auf diese wirklich in ihrer Art einzige Anlage ...« 1832 wurden auch ein Gamsgarten und eine Menagerie in die Anlage einbezogen. Der Ort ist vom Publikum offensichtlich angenommen worden; vor den noch in der Biedermeierzeit errichteten, das Belvedere an beiden Seiten flankierenden klassizistischen »Glashäusern« reihten sich die zarten eisernen Gartensesselchen, auf denen die Besucher wie Spatzen aufgefädelt die Südsonne geniessen konnten. Leider hat sich nach dem Abbruch des Belvedere auch von diesen seitlichen Glashäusern nichts erhalten, auch von jenen nicht, die später Heinrich von Ferstel (1828–1883) an der Ostseite des Parks entlang der Gartenmauer errichtete.

* Beschreibung des Glashauses in der Rossau von 1829

GRUENE PARADIESE. DIE GAERTEN DER LIECHTENSTEIN

Johann Kräftner

… nur darauf wollen wir hindeuten, was ihm namentlich die Bewohner Wiens verdanken, wie er Millionen daran wendete, ihnen die liebsten Erholungsorte in den Umgebungen der Hauptstadt zu wahren Feenparks umzuschaffen, wie er namentlich in Mödling, Brühl, Liechtenstein, Hadersfeld, Greifenstein, am Kahlenberg u. s. w. großartige Denkmale setzte, die noch den Enkeln sagen werden, welch ein edler Fürst gelebt und wie er nichts zu kostspielig fand, was dazu dienen konnte, dem Wiener den schönen Aufenthalt in pittoresken Gegenden höchst angenehm zu machen.*

Blicken wir in der zweiten Hälfte des 18. Jahrhunderts auf die grossen europäischen Gärten, können wir feststellen, dass ein allmählicher Umschwung einsetzt, der sich vom formalen Garten abwendet und das neue Ideal in den englischen Anlagen sieht. Vielfach wurde dieser Umschwung allein mit geänderten visuellen Vorstellungen in Verbindung gebracht, in der Realität stand dahinter aber auch die Notwendigkeit, aus wirtschaftlichen Gründen die überkommenen Strukturen zu ändern. Dort, wo man sich kopfüber in einen bloss formalen Wechsel stürzte, endete das Unternehmen sehr schnell im finanziellen Disaster.

Es ist hier vorauszuschicken, dass die Beschäftigung mit der Landwirtschaft und all ihren Nachbargebieten, seien es nun die Pferdezucht oder eben auch der Gartenbau, in der Familie Liechtenstein eine lange Tradition besitzt. Man war sich offenbar immer bewusst, wie wichtig und wertvoll gerade die Land- und Forstwirtschaft für den Fortbestand eines Geschlechts sind, das einen guten Teil seines Lebensunterhalts und seines Wohlstands diesen Wirtschaftszweigen zu verdanken hatte. Aus den Schriften des Karl Eusebius von Liechtenstein (1611/1627–1684) können wir erfahren, welch grossen Wert er selbst der Qualität von Obst beimass. Die im Hausarchiv der fürstlichen Familie noch heute vorhandenen Akten belegen, mit welcher Akribie und Genauigkeit sich die Fürsten des 18. und 19. Jahrhunderts um jedes kleine Detail in der Landwirtschaft kümmerten – und ihre Mitarbeiter auch in hohem Masse kontrollierten. Faszinierend ist die Lektüre dieser Dokumente auch deshalb, weil man aus dem Bezug zur Gegenwart die ungebrochene Tradition im Wirtschaften des Fürstenhauses viel tiefer verstehen lernt. Man wird an die in der Gegenwart sehr erfolgreiche Zucht von Ballenpflanzen für die Forstwirtschaft (LIECO) oder die Bestrebungen in der Reiszucht (RICETEC) erinnert, wenn man in den Archiven liest, wie sorgfältig auch damals Setzlinge selektiert und wie weit sie verschickt wurden, wie bedeutend auch damals ein international agierender Markt für Pflanzen, Samen und Zuchttiere gewesen ist.

So versuchte auch Fürst Alois I. (1759/1781–1805) ab 1792, von einem ganzheitlich-aufgeklärten Denken geleitet, letztendlich das gesamte Familienunternehmen mit seinen unterschiedlichsten Aspekten von Grund auf zu reformieren. Für die Landbevölkerung schuf er einen Schau- und Lehrgarten; der grosse neue, durch den Architekten Joseph Hardtmuth (1758–1816) errichtete Amts- und Meierhof in Eisgrub (1793) bildete die Referenz für ähnliche Bauten der Landbevölkerung. Sogar das anlässlich des Besuchs von König Ferdinand III./IV. (1751–1825) von Neapel und Sizilien und seiner Gattin Maria Karolina, die ja selbst ein Musterlandwirtschaftsgut bei Caserta betrieben, in kürzester Frist geschaffene Theater öffnete er gratis für die Bevölkerung.

Diese Reformen an der Wende vom 18. zum 19. Jahrhundert führten auch zu einschneidenden Änderungen in den gärtnerisch-landwirtschaftlichen Bereichen, die schlussendlich ein grossartiges Gartenreich schufen, das in Mitteleuropa einzigartig war.

Treibende Kraft ist auch hier, zumindest primär, nicht die Absicht zur gestalterischen Erneuerung gewesen, die zur Ablösung des formalen durch den frei gestalteten englischen Garten geführt hätte, sondern eine wirtschaftliche Umstellung, die den Baum in den Mittelpunkt des Denkens stellte. Hintergrund ist eine immer wieder festzustellende Holzknappheit, die Fürst Alois I. dazu bringt, schon seit 1790 umfangreiche Strassen in bisher unerschlossenen mährischen Wäldern anzulegen und ab 1798 auch ein Zuchtprogramm für Forstpflanzen zu starten. Der Baum löst die Tulpe ab, könnte man überspitzt formulieren, betrachtet man die Entwicklung, die von der geschnittenen Hecke und Parterrepflanze zum Solitärbaum und zur Baumgruppe umschwenkt, die auch einen entsprechenden wirtschaftlichen Nutzen bringen.

1798 schickt der Fürst seinen Gärtner Joseph Lieska (gest. 1807) für ein Jahr zur Ausbildung nach Anhalt-Dessau, wo man offensichtlich in der Pflanzenzucht die grössten Fortschritte erzielt hat, und besichtigt in der Folge auch selbst die dortigen Anlagen. 1799 begründet er selbst im Naturgarten zu Eisgrub die erste Pflanzschule exotischer Forsthölzer in den Erblanden und wird damit zum Fahnenträger einer Entwicklung, an der die gesamte Wald- und Forstwirtschaft profitiert.

1802 reiste der Universitäts-Obergärtner in Wien, Joseph van der Schot, im Auftrag des Fürsten nach Amerika, bewusst suchte man auch mit der Zucht schnell wachsender amerikanischer Hölzer den Ertrag zu erhöhen. Das Unternehmen brachte jedoch nicht den gewünschten Erfolg, der Beauftragte scheint offensichtlich bald seine eigenen Wege gegangen zu sein.

Bis 1804 bezog man Pflanzenmaterial aus Dessau, um die Aufpflanzungen rasch voranzutreiben, ab 1805 konnten die Baumschulen in Feldsberg schon selbst ihre Pflanzen mit einem Katalog zum Kauf anbieten; sehr bald hatte man sich damit internationale Märkte erobert und lieferte

Kat.-Nr. 181

Kat.-Nr.182

Eisgrub, Türkischer Turm

Eisgrub, Grenzschloss

Pohansko, Jagdschloss

Kat.-Nr. 193

sogar bis nach St. Petersburg an den Zarenhof. Mit der Zeit sammelte man reiche Erfahrungen im Umpflanzen von Bäumen und konnte so auch grosse Hölzer über weite Strecken bewegen.
Bis zum Tod des Fürsten 1805 hatte sich der Naturgarten zu einer weitläufigen Anlage entwickelt, die die barocken Strukturen weitestgehend unangetastet liess. Erst danach kam es, wahrscheinlich schon von ihm geplant, unter seinem Nachfolger Fürst Johann I. (1760/1805–1836) zu einschneidenden Veränderungen. Nach den Plänen des fürstlichen Wirtschaftsrates Bernhard Petri hob man in den Flächen der Thaya-Niederungen grosse Teiche aus, mit dem Aushubmaterial erhöhte man die danebenliegenden sumpfigen Flächen so, dass sie fortan vor Hochwässern sicher waren. Die Aushubarbeiten zogen sich durch sechs Jahre hin und beschäftigten vom Frühjahr bis zum Herbst ständig 300 bis 700 Menschen. Im Bereich des Parterres vor dem Schloss entstand so der Schwanenteich mit seinen bewegten Ufern, den künstlichen Inseln und den vielen Vuluptuarbauten, die dort gruppiert wurden.
Obwohl Fürst Johann I. bei seinem Amtsantritt eigentlich vorwiegend als Militär und Politiker angesehen wurde, lagen seine Interessen in nicht geringerem Masse in der Landwirtschaft und einer zukunftsträchtigen Weiterentwicklung der fürstlichen Besitzungen. Besonders intensiv widmete er sich der Viehzucht; seine Rinder- und Schafzüchtungen galten als die besten in den Erblanden. Aufgrund der fast unerschöpflichen Geldmittel, die er zur Verfügung hatte, ging er aber auch als einer der baulustigsten Fürsten der Familie in die Geschichte ein, der versuchte, alle Elemente der Landschaft, wie Forst- und Ackerflächen, Teiche und Wasserfälle, Viehweiden und Tiergärten, sowie die Voluptuarbauten, Schlösser, Tempel und Lusthäuser zu einer harmonischen – wir würden heute vielleicht sagen: ökologischen – Einheit zusammenzufügen. Anleiten liess er sich von den grossen Theoretikern der Zeit, überall entstanden »Bilder«, wie von Malern komponiert. Wo die Blickpunkte der Ruinen schon bestanden, wurden sie saniert, wo sie fehlten, wurden neue geschaffen. Selbst das Schloss von Lundenburg wurde zur künstlichen Ruine umgeformt.

Wie umfangreich und vielfältig die Besitzungen zur Zeit von Fürst Johann I. gewesen sind, führen vielleicht die Gouachen des Ferdinand Runk (1764–1834) vor Augen, die im Auftrag des Fürsten Johann I. von Liechtenstein entstanden sind und die belegen, wo überall »gestaltete Landschaften«, um hier bewusst das Wort Landschaftsgärten zu vermeiden, bestanden haben.
Das grösste zusammenhängende Gebiet befand sich am Zusammenfluss von Thaya und March zwischen den Schlössern Feldsberg und Eisgrub, an dieses Areal schlossen Lundenburg und die Pohanska an. Seit dem 13. Jahrhundert war dieser Besitz auf über 350 Quadratkilometer angewachsen, Schloss Feldsberg war der Hauptwohnsitz des Fürsten, durch eine über vier Kilometer lange, wahrscheinlich ursprünglich vierreihige Allee mit dem Sommersitz Eisgrub verbunden. Dort bildete ein kleineres Schloss die Sommerresidenz, die vom berühmten »Schloss der Rosse« des Johann Bernhard Fischer von Erlach (1656–1723) überragt wurde, das den kostbarsten Pferden des Fürstenhauses – sie kamen damals schon aus England – Wohnung gab. Die Raistenbergkolonnade, das »Rendezvous« (Dianatempel), das Belvedere, das Grenzschloss, der Tempel der Drei Grazien, das Badhaus, der Chinesische Tempel, der Aquädukt, der Orientalische Turm, der Apollotempel und schlussendlich die Hanslburg waren dort die wichtigsten Blickpunkte; der Neuhof bildete das neue Zentrum für die Viehzucht.
Etwas nördlich davon in Mähren, bei Littau, lag das Neuschloss, wo ebenfalls ein beeindruckender Park mit einem grossen, neu erbauten Schloss und mehreren kleinen Tempeln in weitläufigen Gartenanlagen angelegt wurde, nachdem das alte, 1730 von Antonio Maria Beduzzi (1675–1735) erbaute Schloss 1805 komplett abgebrannt war.
Von besonderem Reiz war das Gebiet um Adamsthal nördlich von Brünn. Auch hier griff man um 1808 intensiv gestaltend in die Landschaft ein und machte ein weitläufiges Höhlensystem in der Mazocha sogar durch Sprengungen durchgängig; die Höhlen wurden von der Fürstin selbst, wie ein kürzlich aufgefundener Plan festhält, mit den Namen antiker Götter bezeichnet. Hier folgte man auch dem Interesse an der Gesteinskunde

und Mineralien; Fürst Alois I. hatte im Mai 1803 die grosse Sammlung des Grafen Kolowrat gekauft, die dann später in der Rossau in einem Naturalienkabinett präsentiert wurde.
In Adamsthal betrieb die fürstliche Familie auch eine Eisenhütte. Ein Hochofen zeugt noch heute von diesem wirtschaftlichen Versuch, der schlussendlich erfolglos geblieben ist. Interessant ist der Umstand, dass man auch hier das Schöne und das Nützliche sogar in dieser extremen Form zu vereinigen suchte.
Ein weiterer wichtiger Besitz, der meistens vollkommen vergessen wird, war die 1732 erworbene Herrschaft Loosdorf im niederösterreichischen Weinviertel mit dem eleganten Schloss von Isidore Canevale (1730–1786), das sich bis heute einige Teile seiner einst kostbaren Innenausstattung der Erbauungszeit erhalten konnte. Es wurde von Fürst Johann I. schon vor seiner Regentschaft intensiv genutzt, vor allem der Garten wurde sehr früh gestaltet und schon ab 1792 mit Ruinenarchitekturen und durch die Bepflanzung mit Hunderten von Föhren verschönert; dort könnte so etwas wie ein kleines »Experimentierfeld« für den späteren Fürsten bestanden haben, wo er auch die Zucht seiner Merinoschafe, die er aus Spanien schmuggeln liess, betrieb.
Ein recht weitläufiger Park entfaltete sich von Greifenstein über Hadersfeld und den Abfall des Wienerwaldes entlang bis zum Kahlenberg und Leopoldsberg, ein Besitz, der letztlich verkauft wurde, um mit dem Erlös die kostspielige Restaurierung des Majoratshauses in der Bankgasse zu finanzieren. Auch in Hadersfeld wurde ein kleines Schlösschen adaptiert, ein monumentaler Obelisk steht dort noch heute als Landmark; Tempel, Wasserfälle und Teiche wurden auch hier geschaffen.
Nicht zu vergessen ist schliesslich der grosse künstlich angelegte Garten um die Ruine der Burg Liechtenstein bei Mödling. Der ursprüngliche Stammsitz der Familie, der 1394 verloren ging, konnte 1807 von Fürst Stanislaus Poniatowski wieder zurückgekauft werden, ein Jahr später wurde auch die Herrschaft Sparbach von Graf Karl von Clary-Aldringen erworben. Die Ruinen wurden auch hier saniert, am Fuss der Burg Liechtenstein baute man ein kleineres existierendes Schlösschen aus und errichtete eine Fülle von Voluptuarbauten: Man kennt den Husarentempel (eigentlich Tempel der Minerva; die im Inneren platzierte Skulptur der Minerva ist heute verloren; 1809/11; 1812/13) und das Colosseum (Ruine eines Amphitheaters, 1810/11); am Fuss der Ruine Mödling existierte eine biedermeierliche Meierei, nach der Mitte des 19. Jahrhunderts wurden hier die Gebäude der neuen Meierei als frühe Beispiele des Schweizerhauses in Österreich errichtet. Die kahlen Felsabhänge des Brühltales wurden mit jungen Föhren bepflanzt. Der Aufwand dafür

Kat.-Nr. 221

war ungeheuer, musste den Setzlingen doch jahrelang Erde zugetragen werden, im Sommer mussten sie fast täglich gegossen werden, damit sie überleben konnten.
In all diesen Gebieten – und diese Aufzählung erhebt keinen Anspruch auf Vollständigkeit – versuchte man die Gestaltung der Landschaft intensiv mit den wirtschaftlichen Anforderungen zu verquicken. Reichten die Felder weit in die Kernbereiche der Parks um die Schlösser, bildete der Landmann, der dort arbeitete, ganz bewusst keinen Störfaktor, sondern war Teil des sensibel komponierten Gesamtorganismus. Man versuchte nach modernsten Grundsätzen zu wirtschaften: Der Meierhof wie der Neuhof, in dem unter anderem die Zucht der Merinoschafe untergebracht war, entsprach genauso diesen Anforderungen wie das etwas später errichtete Glashaus in Eisgrub.
Die gesamten Parks waren so nicht nur Orte der Erbauung und Belustigung, sondern auch Kernbereiche des Wirtschaftens; dort ging es darum, Pflanzen zu züchten, die höhere Ernten bringen, oder Bäume zu schulen, die schneller wachsen. Die riesigen Wasserflächen der Teiche stabilisierten das Klima und brachten einen hohen Ertrag an Fischen, damals im Zusammenhang mit den rigiden Fastengeboten der Kirche noch viel mehr ein Grundnahrungsmittel als heute.
Auch arbeitsmarktpolitisch besassen diese Gärten und ihre Anlage höchste Bedeutung: Dort beschäftigte der Fürst in schlechten Zeiten Hunderte Bauern, die beim Ausheben der Teiche und dem Aufschütten des Aushubs zur Absicherung gegen Hochwässer ein gutes Auskommen fanden.

* aus dem Nachruf der *Allgemeinen Theaterzeitung*, Nr. 83 vom 25. April 1836

»EIGENTLICH BLOS ZUM VERGNÜGEN ...« DIE GÄRTEN FÜRST NIKOLAUS' II. ESTERHÁZY IN DER EISENSTÄDTER KULTURLANDSCHAFT

Stefan Körner

... früh ging ich ... in den Garten, um ihn, ehe ich Eisenstadt verlasse, noch einmal zu sehen, und zu geniessen. Wir verweilten eine geraume Zeit bey der grossen herrlichen Cascade ... Wir trennten uns sehr ungern von diesem denkwürdigen Garten.*

Mit der Übernahme der Regentschaft durch Nikolaus II. Esterházy (1765–1833) 1794 wurde nun wieder alles anders im fürstlichen Hause: Unter der südlichen Sonne Neapels, wo der Neunundzwanzigjährige den Winter verbrachte, erreichte ihn die Nachricht vom Tod seines Vaters Anton (1738–1794). Dieser hatte versucht, das Erbe der Esterházy wieder zu konsolidieren, das Fürst Nikolaus I. (1714–1790), »der Prachtliebende«, durch seine Ausgaben für eine prunkvolle Hofhaltung an den Rand seiner Belastbarkeit geführt hatte. Wie zuvor seinem Großvater schien auch Nikolaus II. das Repräsentieren wichtiger als das Haushalten: Joseph Haydn (1732–1809) wurde reinstalliert, gewaltige Bauprojekte wurden begonnen, Kunst, Naturalien, Musik und Bücher gesammelt, die Gesellschaft schöner Frauen gepflegt und – besonders intensiv – in die damals am höchsten bewertete Kunst, die des Gartens, investiert. Die Gartenkunst, so betonte Wilhelm Beyer (1725–1796) in seiner populären Schrift *Der Nationalgarten* (Wien 1782), sei die einzige, der es zuzutrauen sei, den Verfall der Künste seit dem Barock durch die Verbindung des Angenehmen mit dem Reizenden zu beseitigen, da Gärten die Künste mit der Natur zu Bildern verbinden. Aus diesem geistigen Klima heraus entwickelte Fürst Nikolaus in seiner Regierungszeit 1794 bis 1833 mehr als ein Dutzend Gärten, die meist Schöpfungen uneingeschränkter romantisch-feudaler Gestaltungsfreude waren. Nur wenig Aufklärerisches oder Idealistisches findet sich in den Anlagen, vielmehr sollten sie möglichst spektakulär sein, durchaus mit Erfolg: So stand am Beginn ein anglo-chinoiser Garten von Thomas de Thomon (1784–1813) an der Landstraße bei Wien mit obszönen Figuren, die das dünnhäutige Wien erhitzten, toste eine der ersten Dampfmaschinen auf dem Kontinent im Eisenstädter Garten und begeisterten sich hier Reisende in den gewaltigen Orangerien an den Pflanzensammlungen, die zu den größten Europas gehörten. Im Pratergarten der Esterházy traf sich die Wiener Gesellschaft zu intimen Diners. Im westlichsten der Esterházy-Gärten, auf der Insel Mainau im Bodensee, legte Nikolaus II. Esterházy mit ersten Exotenpflanzungen den Grundstein zur heute weltberühmten Gartenanlage.

Seine bedeutendste Schöpfung aber ist der Eisenstädter Garten, der Teil einer groß geplanten Kulturlandschaft von Schlössern, Gärten und Sichten am malerisch an den Höhen des Leithagebirges gelegenen Hauptsitz der Familie war. Hier fand er ausreichend Platz und einen geeigneten Ort, Neues zu schaffen, in einer Landschaft, die in ihrer Vielgestaltigkeit – zwischen Weingärten und Wäldern, Bergen und Ebene, verstreuten Orten und Jagdschlössern – ganz der romantisch-sentimentalen Idee der Gartengestaltung entsprach und nur noch durch die Kunst ihres Fürsten erhöht und gestaltet werden musste.

Der Eisenstädter Schlossgarten

Der Garten nördlich des Schlosses zeigte sich bis 1795 als symmetrisches Parterre, das von einem Berceau am Ansatz des Leithaberges eingefasst wurde. Nach Osten schlossen sich kleine Salons an, die in einem natürlich gespeisten Bassin endeten.

Mit dem Baubeginn der Orangerie 1800 begannen unter Fürst Nikolaus II. die Umgestaltungsarbeiten zum englischen Garten unter Obergärtner Mathias Pölt (1742–1810). Die Planungen dieser Zeit dürften aber auf den seit 1802 in fürstlichen Diensten stehenden kurpfälzischen Architekten Maximilian von Verschaffelt (1754–1818) zurückgehen, der unter Friedrich Ludwig von Sckell (1750–1823) in München gelernt hatte.

Im Zentrum der Maßnahmen standen die Orangerie und eine zentrale Kaskade, von der aus ein Kanal durch den Garten mäanderte. Die grossen Rasenflächen und Gehölzanpflanzungen in ›belts‹, ›clumps‹ und ›dots‹ wurden durch üppige Blumenbeete kontrastiert. Blumen – in England als barockes Relikt verschmäht – waren allerdings nach der deutschen Gartentheorie Christian Cay Lorenz Hirschfelds (1742–1792) durchaus mit dem modernen Landschaftsgarten vereinbar, da sie die künstlerische Schöpferkraft des Menschen zeigten und dem Besucher nicht glauben machten, man sei auf einer bloßen Wiese.

Hauptanziehungspunkt und Mittelpunkt der Arbeiten war der neue Orangeriebau, der im Planungsprozess bis 1816 stetig vergrößert wurde. Der Bau war bei der Beherbergung von exotischen Zier- und Nutzpflanzen auf dem neuesten Stand und folgte exakt den Vorgaben William Robertsons in *A Collection of Various Forms of Stoves, used for ... Preserving Tender Exotics*, London 1798, das sich bereits kurz nach Erscheinen in der fürstlichen Bibliothek befand. Mit sieben Pflanzenhäusern und im Jahr 1817 bereits 60.000 Pflanzen war die Orangerie Nikolaus' II. eine der größten in Europa und übertraf damit selbst die kaiserlichen Pflanzensammlungen.

Nach einer Englandreise des Fürsten 1803, wo Nikolaus mit den Gartenschöpfungen in Berührung kam, wurden ab 1804 nördlich des bisherigen Gartens neue Flächen zur Erweiterung erworben. Mit der Bestellung des Franzosen Charles Moreau (1760–1840) zum fürstlichen Architekten um

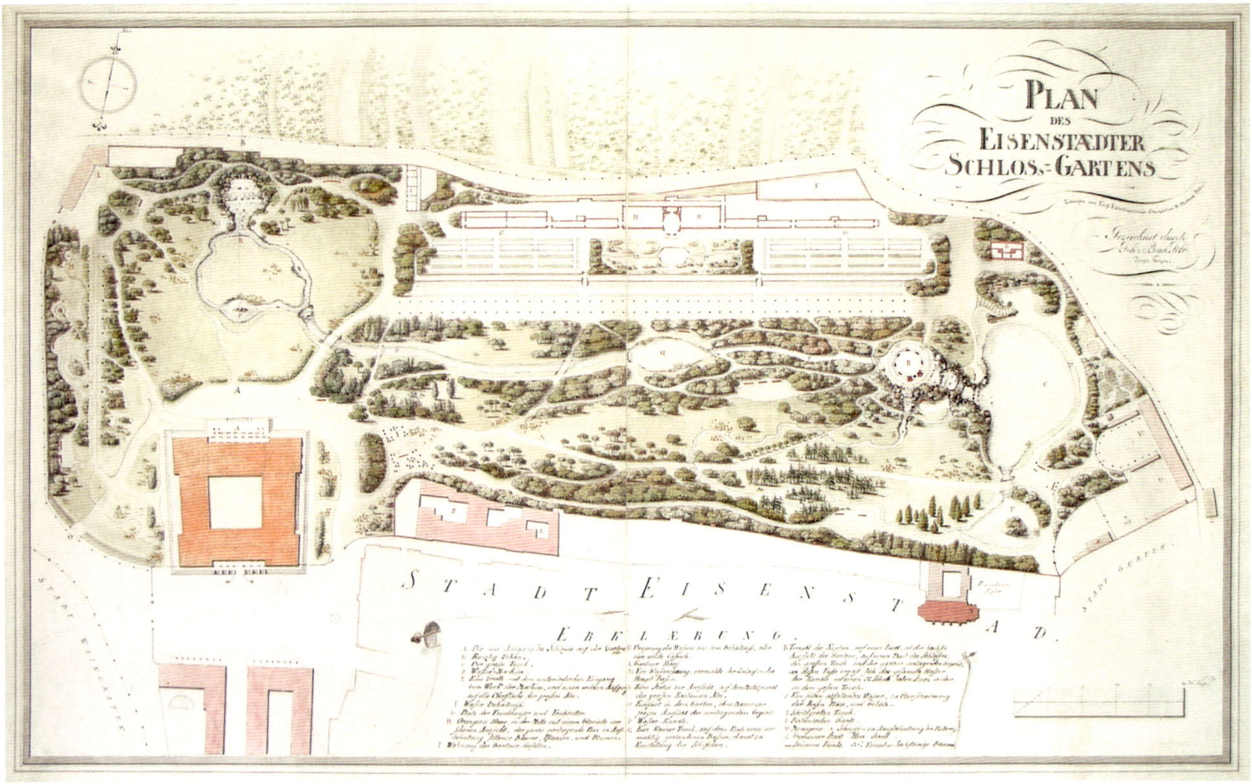

Kat.-Nr. 136

1803 fand der Fürst endlich einen geeigneten Architekten für seine künstlerischen Visionen. Moreaus erstes Gutachten von 1805 sieht einen gewaltigen Umbau des Eisenstädter Schlosses vor; an erster Stelle stehen die Planungen zur Erweiterung des englischen Gartens. Während sich Moreau bei seinem Gartenplan um klare und natürliche Formen bemühte, war der Schlossumbauentwurf ganz dem strengen Revolutionsklassizismus verhaftet. Moreau nutzte den natürlichen Verlauf der Landschaft und verfeinerte sie durch Gartenbauten und natürlich anmutende Wasserfälle. 1806 wurden die ersten wertvollen exotischen Hölzer in dem Garten ausgepflanzt.

Neben den Gartenanlagen und dem Schloss gehen auch alle Staffage- und Nutzbauten im Garten auf Moreau-Entwürfe zurück: So der Leopoldinentempel (1805–1819) auf einer Klippe dem Schloss gegenüber. Hirschfeld galten römische Rundtempel als ideale Gartenbauten; sie verkörperten »edle Einfalt und stille Größe«. In seiner heutigen Form vollendet, folgt er in seiner Positionierung im Garten einem beliebten Motiv von Gartenbauten.

Mit dem 1803 erschienenen Gartenwerk *Observations on the Theory and Practice of Landscape Gardening* von Humphrey Repton (1725–1818) brachte Fürst Nikolaus im selben Jahr auch eine Dampfmaschine von seiner Londonreise mit nach Eisenstadt. Das dampfschnaubende technische Wunderwerk erstaunte Kontinentaleuropa und betrieb die Wasserspiele im Garten.

+ heating

Anlagen und Bauten in der Kulturlandschaft um Eisenstadt

Die vielen kleinen Inventionen in der Umgebung drückten nicht nur die Freude des Fürsten an der Landschaftsgestaltung aus: In der Verbindung des Nützlichen mit dem Schönen lag eine aufklärerische Forderung, aus der in England und Deutschland die ersten Landschaftsgärten entstanden waren. Besonders forstliche Plantagen und Obstgärten erfüllten die pittoresk-ästhetischen, aber auch ökonomisch-botanischen Forderungen an die Landesverschönerung, so wie es Shaftesbury (1671–1713) und Jean-Jacques Rousseau (1712–1778) beschrieben.

Im Waldpark Föhrenwald ganz im Norden des Schlossgartens kam zu diesem pomologischen Interesse ein forstbotanisches hinzu. Um den Marientempel (1804/05) wurden schnell wachsende exotische Nadelgehölze angepflanzt, die die Innovationen im Waldbau zeigten und zudem einen effektvollen Kontrast zum strahlend weißen Tempel boten.

In dieser Waldgartenanlage mit geschwungenen Fahr- und Spazierwegen, die – nach der Einschätzung des fürstlichen Bauinspektors Engel – »blos zum Vergnügen« die unterschiedlichen Blicke auf den Schlossgarten und Eisenstadt bot, zeigte sich der Drang zur Umgestaltung einer ganzen Landschaft zu einem Reich mit kleinen und sorgsam verteilten Gärten. Dass diese Wege auch der infrastrukturellen Erschließung der Landschaft dienten, gehörte ebenso zum Konzept der Verbindung des Schönen mit dem Nützlichen.

Der Garten des Schlosses Pottendorf, nahe Eisenstadt, wurde 1802 von Nikolaus Esterházy erworben und avancierte schnell zu seinem Lieblingssitz. Nikolaus ließ den Schlossbau auf einer Insel in der Fischa

Kat.-Nr. 137

Plan
von dem neu anzulegenden
Englischen Garten
Erklärung
der
Buchstaben
Gemeine Stadt Mauer

Kat.-Nr. 144

Kat.-Nr. 142

Plan von den englischen-dann neu angelegten Kuchel-garten in Pottendorf

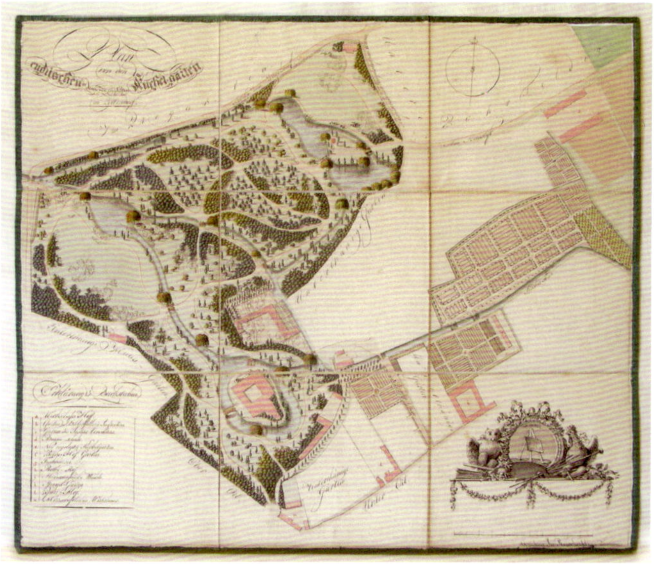

modernisieren, um seine berühmte Gemäldegalerie hier zu installieren. Wie in Eisenstadt war die Gartengestaltung vorrangiger als der Umbau des Schlosses. So wurde von 1804 bis 1808 ein üppiger Landschaftsgarten angelegt. Besonders die unterschiedlichen Brücken und Hunderte Schwäne, die von einem eigenen Arzt betreut wurden, ließen die Zeitgenossen schwelgen.

Späte Gartenanlagen

Aufgrund zerrütteter Staats- und Familienfinanzen infolge der Napoleonischen Kriege lösten sich die postabsolutistischen Träume der Eisenstädter Kulturlandschaft ab 1810 langsam auf. Die hochfliegenden Aus- und Umbauprojekte des Schlosses in Eisenstadt und in den umliegenden Wäldern wurden nach und nach eingestellt; die Hofhaltung Fürst Nikolaus' verlagerte sich nach Wien. Die hier entstehenden Palais in Mariahilf, in Oberbaumgarten oder im Prater wurden zwar nach wie vor mit Gärten umgeben, doch waren diese bei Weitem nicht so raum- und landschaftsgreifend wie Nikolaus' Eisenstädter Projekte.

Letzte Gartenschöpfung des inzwischen zweiundsechzigjährigen Fürsten Nikolaus Esterházy wurde sein Garten auf der Insel Mainau im Bodensee: Nikolaus' Hofgärtner Ferdinand Schnetz pflanzte die ersten Exoten, die im günstigen Bodenseeklima ideale Bedingungen vorfanden. Nikolaus Esterházy ist damit der Begründer der Blumeninsel Mainau, die nach ihm zu einem der populärsten Gärten Europas wurde.

Das den ungarischen Stammlanden der Esterházy so ferne Inselparadies verkörpert nochmals das lebenslange Streben Nikolaus': Er wollte das Fürstenhaus unter den ersten Familien Europas etablieren, was ihm durch sein umfangreiches Mäzenatentum und gesellschaftliche Präsenz auch gelang. Die Anpflanzungen von exotischen Gehölzen und die Zucht seltener Pflanzen auf der Mainau waren Ausdruck seiner umfangreichen Sammelleidenschaft und Offenheit gartenbaulichen Neuerungen gegenüber sowie Ergebnis seines exzellenten Netzwerkes in die Gärten Europas. Dass die Anlage eines Gartens bei der Gestaltung eines neuen Herrschaftssitzes Vorrang hatte, beweist den hohen Stellenwert, den die Gartenkunst in seinem Wirken einnahm. Mit der Verbindung »schöner« Gärten mit »nützlichen« Innovationen für Landschaftspflege und Landbevölkerung erfüllte Nikolaus das aufklärerische Credo vom »Schönen und Nützlichen« ebenso wie den Wunsch zur Veredelung einer reizvollgegensätzlichen Landschaft und die lebenslange Sehnsucht des Fürsten nach südlicher Sonne. 1833 starb Nikolaus in Como, die familiären Finanzen waren zerrüttet, seine Kunstsammlungen mussten verkauft werden und seine Gartenschöpfungen wurden in den folgenden Jahren zerstört oder verwilderten, denn sie erwiesen sich als zu pflegeintensiv, waren sie ja »eigentlich blos zum Vergnügen Seiner Hochfürstlichen Durchlaucht«.

* Erzherzog Franz Karl in seinem Tagebuch über seine Lustreise nach Eisenstadt, Forchtenstein und Pottendorf 1819

KATALOG

1
Jakob Philipp Hackert (1737–1807)
Im Tal von Roveto, 1795
Öl auf Leinwand, 64 x 96 cm
bez. auf dem Stein in der Mitte: Valla di Roveto, vicino Balzcirano,
Filippo Hackert. Dipinse 1795
Sammlungen des Fürsten von und zu Liechtenstein, Vaduz–Wien, Inv.-Nr. GE 2436

2
Jakob Philipp Hackert (1737–1807)
Hanfernte in der Caserta, 1787
Öl auf Leinwand, 100 x 136 cm
bez.: Ph.Hackert, pinx : Caserta 1787, La Canapa in macerazione a Ponte a Carbonajo
Galerie Sanct Lucas

3
Kaiserliche Porzellanmanufaktur Wien
bemalt von Georg Lamprecht (gest. Wien 1828)
Déjeuner Tête-à-tête (7-teilig), *mit weidenden Schafen*, um 1796
Porzellan, unterglasurblauer Bindenschild
Tassenhöhe: 5,8 cm, Untertasse: 13,2 cm, grosse Kanne: 16 cm Höhe,
kleine Kanne: 14,5 cm Höhe, Zuckerdose: 8,5 cm Höhe
Jahresstempel (17)95 (grosse Kanne, Zuckerdose), (17)96 (beide Tassen,
beide Untertassen, kleine Kanne), Weissdrehernummern 47 (beide Tassen),
39 (beide Untertassen), 12 [22?] (grosse Kanne), 47 (kleine Kanne), 12 [22?] (Zuckerdose)
Sammlungen des Fürsten von und zu Liechtenstein, Vaduz–Wien, Inv.-Nr. PO 2145

4
Kaiserliche Porzellanmanufaktur Wien
Tasse mit Untertasse, bemalt mit weidenden Schafen, um 1793
Porzellan, unterglasurblauer Bindenschild, Tassenhöhe: 5,8 cm,
Durchmesser Untertasse: 13,5 cm
Tasse: Jahresstempel (17)92, Weissdrehernummer 4 (?)
Untertasse: Jahresstempel (17)93, Weissdrehernummer 3
Sammlungen des Fürsten von und zu Liechtenstein, Vaduz–Wien, Inv.-Nr. PO 2162

5
Kaiserliche Porzellanmanufaktur Wien
bemalt von Georg Lamprecht (gest. Wien 1828)
Teller mit Grisaillearabesken und Landschaften mit Schafen und Ziegen, um 1793
Porzellan, unterglasurblauer Bindenschild, 24,2 cm
Jahresstempel (17)93, Weissdrehernummer 17, Malernummer 21 (für den Ornamentisten)
Sammlungen des Fürsten von und zu Liechtenstein, Vaduz–Wien, Inv.-Nr. PO 2078

6
Georg Christoph Kilian (1709–1781)
Lysikatesdenkmal
Aus: *Ruinen und Überbleibsel von Athen,* Augsburg 1764
Kupferstich, 15,9 x 21 cm
Privatbesitz

7
Georg Christoph Kilian (1709–1781)
Philopapposdenkmal
Aus: *Ruinen und Überbleibsel von Athen,* Augsburg 1764
Kupferstich, 16,8 x 22 cm
Privatbesitz

8
Giovanni Ghisolfi (1623–1683)
Römische Ruinen mit den drei Säulen des Vespasian-Tempels
Öl auf Leinwand, 48,9 x 66,2 cm
Sammlungen des Fürsten von und zu Liechtenstein, Vaduz–Wien, Inv.-Nr. GE 214

9
Giovanni Ghisolfi (1623–1683)
Römische Ruinen
Öl auf Leinwand, 48,9 x 66,2 cm
Sammlungen des Fürsten von und zu Liechtenstein, Vaduz–Wien, Inv.-Nr. GE 219

10
Marco Ricci (1676–1729)
gestochen von Teodoro Viero (1740–1819)
Römische Ruinen
Kupferstich, Platte: 18 x 24,4 cm, Blatt: 32,8 x 44,8 cm
bez. unten links: M. Rizzi inv.
bez. unten rechts: Appo Teodoro Viero C.P.E.S.: Vena
Sammlungen des Fürsten von und zu Liechtenstein, Vaduz–Wien, Inv.-Nr. GR 3014

11
Marco Ricci (1676–1729)
gestochen von Teodoro Viero (1740–1819)
Flusslandschaft mit Anglern
Kupferstich, Platte: 18 x 24,4 cm, Blatt: 32,6 x 46,5 cm
bez. unten links: M. Rizzi inv., bez. unten rechts: Appo Teodoro Viero C.P.E.S.: Vena
Sammlungen des Fürsten von und zu Liechtenstein, Vaduz–Wien, Inv.-Nr. GR 3013

12
Christoph Heinrich Kniep (1755–1825)
Tempel von Paestum, Ende 18. Jh.
Federzeichnung auf Papier, 55,7 x 83 cm
Esterházy Privatstiftung, Schloss Eisenstadt – Graphische Sammlung, Inv.-Nr. GR 5

13
Josef Rebell (1787–1828)
Waldige Landschaft mit einem Tempel, 1809
Öl auf Leinwand, 113 x 157,2 cm
bez. unten links: Jo. Rebell / 1809
Sammlungen des Fürsten von und zu Liechtenstein, Vaduz–Wien, Inv.-Nr. GE 2448

14
Jean-Antoine Houdon (1741–1828)
Jean-Jacques Rousseau (1712–1778), 1780
Bronzebüste, 45,5 cm
sign. und dat. auf der rechten Schulter: houdon 1780
Daniel Katz Ltd, London

15
Carl Ludwig Frommel (1789–1863)
Tombeau de Jean Jacques Rousseau in Ermenonville
Kupferstich, koloriert, 45,5 x 55,4 cm
bez. unten links: Dessiné et gravé par
bez. unten rechts: Ch. Frommel
Sammlungen des Fürsten von und zu Liechtenstein, Vaduz–Wien, Inv.-Nr. GR 3018

16
Carl Philipp Schallhas (1767–1797)
Das Grab Loudons
Radierung, mit Pinsel in Braun laviert, 14,6 x 20,8 cm
Kupferstichkabinett der Akademie der bildenden Künste Wien, Inv.-Nr. 10.468

17
Tranquillo Mollo (1767–1837)
Grabmal des F. M. Loudon
(Feldmarschall Gideon Ernest Loudon)
Aus: *WIEN'S UMGEBUNGEN,* Band 2, 1827
Umrissradierung, koloriert, 9 x 13,6 cm
Sammlungen des Fürsten von und zu Liechtenstein, Vaduz–Wien,
Bibliothek, Signatur 9220

18
Heinrich Füger (1751–1818)
graviert von Johann Peter Pichler (1765–1807)
Gideon Ernest Loudon, 1788
Schabkunstblatt, 57,6 x 40,7 cm
bez. unten rechts: Gravé a Vienne par I.P. Pichler, 1788
bez. unten links: Peint d'après nature par H. Füger
Sammlungen des Fürsten von und zu Liechtenstein, Vaduz–Wien, Inv.-Nr. GR 3009

19
Alexandre de Laborde (1773–1842)
La Maison du Désert de Mr de Monville, 1808
Aus: *Description des nouveaux jardins de la france et de ses anciens chateaux, les dessins par Bourgeois,* Blatt 83
Kupferstich
Esterházy Privatstiftung, Schloss Eisenstadt – Bibliothek, Inv.-Nr. LE-5322

20
Kaiserliche Porzellanmanufaktur Wien
Tasse mit Untertasse, *Ansichten von Pozzuole en grisaille,* um 1794
Porzellan, unterglasurblauer Bindenschild, Höhe: 6 cm, Durchmesser Untertasse: 13,5 cm
Jahresstempel (17)94, Weissdrehernummer 39
Sammlungen des Fürsten von und zu Liechtenstein, Vaduz–Wien, Inv.-Nr. PO 2053

21
Karl Kunz
Der Stein zu Wörlitz, 1797
Aquarell, 42,7 x 56,5 cm
Sammlungen des Fürsten von und zu Liechtenstein, Vaduz–Wien, Inv.-Nr. GR 2920

22
Karl Kunz
Villa Hamilton, im Hintergrund der Stein zu Wörlitz, 1797
Aquarell, 43,2 x 56,6 cm
Sammlungen des Fürsten von und zu Liechtenstein, Vaduz–Wien, Inv.-Nr. GR 2919

23
Jakob Matthias Schmutzer (1733–1811)
gestochen von Kilian Ponheimer (1757–1828)
Aussicht des Predigtstuhls. Eines dem Russisch Kaiserl Herrn Bothschafter in Wien Fürsten v Galitzin zugehörigen Landgutes, 1789
Kupferstich, Blatt: 48,8 x 54,8 cm (beschnitten)
bez. unten links: Nach der Natur gezeichnet von Director Schmuzer. 1789.
bez. unten rechts: Gestochen von Kil. Ponheimer
Wien Museum, Inv.-Nr. 19.361

24
Laurenz Janscha (1749–1812)
radiert von Johann Andreas Ziegler (1749–1802)
Die Ruine in dem Garten des K.K. Lustschlosses von Schönbrunn, 1785
Radierung, koloriert, 50 x 65,5 cm
bez. unten rechts: Gravé par J. Ziegler, 1785
bez. unten links: Dessiné d'aprés Nature par L. Janscha
Sammlungen des Fürsten von und zu Liechtenstein, Vaduz–Wien, Inv.-Nr. GR 2190

25
Jakob Alt (1789–1872)
Das Amphitheater bei Mödling (Architekt: Joseph Hardtmuth), 1813
Aquarell, 27,6 x 41,2 cm
bez. unten rechts: J.Alt 1813
Sammlungen des Fürsten von und zu Liechtenstein, Vaduz–Wien, Inv.-Nr. GR 15

26
Tranquillo Mollo (1767–1837)
Medling: Amphietheater bey Liechtenstein
Aus: *WIEN'S UMGEBUNGEN,* 1827
Umrissradierung, koloriert, 9 x 13,6 cm
Sammlungen des Fürsten von und zu Liechtenstein, Vaduz–Wien, Bibliothek, Signatur 9220

27
Heinrizi
radiert von Johann Andreas Ziegler (1749–1802)
Ernstbrunn, Loudon-Obelisk, um 1810
Kupferstich, koloriert, Platte: 42,3 x 28,2 cm, Blatt: 46 x 29,3 cm
bez. unten links: Heinrizi.del
bez. unten rechts: J:Ziegler.sc.
NÖ Landesbibliothek, Topographische Sammlung, Inv.-Nr. 1.427

28
Laurenz Janscha (1749–1812)
Ernstbrunn, Victoriasäule, 1797
Kupferstich, koloriert, Platte: 40,7 x 27,5 cm, Blatt: 44,7 x 30,2 cm
NÖ Landesbibliothek, Topographische Sammlung, Inv.-Nr. 1.430

29
Laurenz Janscha (1749–1812)
Der gotische Tempel auf dem fürstlich Galitzin'schen Landgute, (Predigtstuhl), um 1790
Aquarell, Bleistift, geringe Weisshöhungen, 27,2 x 41,6 cm
Albertina, Wien, Inv.-Nr. 6942

30
Johann Christoph Fabich
Gotisches Belvedere
Auf- und Grundriss
Federzeichnungen, aquarelliert, 56,7 x 44,5 cm
bez. oben: Elevation d'un Belvideur de Gothique
bez. unten rechts: Johann Christoph Fabich
Sammlungen des Fürsten von und zu Liechtenstein, Vaduz–Wien, Inv.-Nr. PK 811, PK 812

31
Laurenz Janscha (1749–1812)
Ansicht des Gothischen Tempels im Schloßgarten zu Pottenbrunn, um 1800
Umrissradierung, koloriert
Albertina, Wien, Inv.-Nr. DG1936/616

32
Christiano Rieger
Frontispiz mit der Silhouette Wiens und dem Modell der Urhütte
Aus: *Universae architecturae militaris elementa brevibus recontriorum observationibus illustrata conscripta a Christiano Rieger,* Wien 1758
Sammlungen des Fürsten von und zu Liechtenstein, Vaduz–Wien,
Bibliothek, Signatur 131–4–25

33
Benedikt Piringer (1780–1826)
verlegt von Heinrich Friedrich Müller
Aus: *Garten=Verschönerungen oder Entwürfe zu geschmackvollen Gartengebäuden und Zierden …*, Blatt 11
Kupferstich, 19,5 x 29,5 cm
Sammlungen des Fürsten von und zu Liechtenstein, Vaduz–Wien, Bibliothek, Signatur 131–4–25

34
Manufaktur Du Paquier Wien (1718–1744)
Schokoladebecher mit Untertasse, um 1730
Porzellan, polychrome Aufglasurfarben, Höhe: 8 cm, Untertasse: 14 cm
Sammlungen des Fürsten von und zu Liechtenstein, Vaduz–Wien, Inv.-Nr. PO 2093

35
Manufaktur Du Paquier Wien (1718–1744)
Schüssel mit indianischem Blumendekor aus dem 24-teiligen Tafel-Service von Joseph Anton Carl Fürst zu Oettingen-Wallerstein, um 1730
Porzellan, Schwarzlotmalerei mit Goldhöhung, 8,8 x 41 cm
Sammlungen des Fürsten von und zu Liechtenstein, Vaduz–Wien, Inv.-Nr. PO 2097

36
Manufaktur Du Paquier Wien (1718–1744)
3 Henkelkrüge mit Gartenchinoiserien, um 1730
Porzellan, Schwarzlotmalerei mit Goldhöhung, Höhe: 7,5 cm, Durchmesser: 6 cm
Esterházy Privatstiftung, Schloss Eisenstadt – Tafel- und Silberkammer, Inv.-Nr. 234/1–3

37
Kaiserliche Porzellanmanufaktur Wien
Höfisches Paar als Gärtner und Gärtnerin, 1750/55
Porzellan, bunt staffiert
Gärtner Höhe: 16,5 cm, blauer Bindenschild; Gärtnerin Höhe: 16 cm
unterglasurblauer Bindenschild
Annette Ahrens, Wien

38
Kaiserliche Porzellanmanufaktur Wien
Biscuitporzellane aus einem Tafelaufsatz der Fürsten Esterházy:
Zwei Vasen mit Musikemblemen, um 1816
Zwei Götterfiguren (Zeus und Aesculap), um 1810/15
Gruppe mit Omphale, um 1810/15
Biscuitporzellan
Zeus und Aesculap: 26,5 x 9 x 6,7 cm, Vasen: 12 x 8 cm, Sockel: 6 x 6 cm,
Vasen mit Jahresstempel (1)816 und Bossiererbuchstabe C (Johann Zillich),
Sockel mit Jahresstempel (1)803 und Bossiererzeichen C (Joseph Schnitzbauer),
Gruppe mit Omphale: 28 cm, Sockel: 17 x 15 cm
Esterházy Privatstiftung, Schloss Eisenstadt – Tafel- und Silberkammer Inv.-Nr. P115/1–10

39
Laurenz Janscha (1749–1812)
gestochen von Johann Andreas Ziegler (1749–1802)
IIte Ansicht vom Reisenberg gegen die Stadt, 1790/1800
Kupferstich, koloriert, Blatt: 37,2 x 52,1 cm, Platte: 32,3 x 42,1 cm
Wien Museum, Inv.-Nr. 19.592/1

40
Laurenz Janscha (1749–1812)
gestochen von Johann Andreas Ziegler (1749–1802)
Das Holländer-Dörfchen in Neuwaldegg
Aquarell, koloriert, 27,7 x 40,9 cm
Sammlungen des Fürsten von und zu Liechtenstein, Vaduz–Wien, Inv.-Nr. GR 3020

41
Kaiserliche Porzellanmanufaktur Wien
Tasse mit Untertasse, bemalt mit Landschaften en grisaille, um 1800
Porzellan, unterglasurblauer Bindenschild, Höhe: 5,9 cm,
Durchmesser Untertasse: 13,3 cm
Tasse: Jahresstempel (17)99, Weissdrehernummer 39
Untertasse: Jahresstempel (1)800, Weissdrehernummer 47
Sammlungen des Fürsten von und zu Liechtenstein, Vaduz–Wien, Inv.-Nr. PO 2043

42
Benedikt Piringer (1780–1826)
Rastende Wanderer unter einem alten Baum
Aquatinta, 56 x 43,6 cm
bez. unten rechts: Nach der Natur gezeichnet und geäzt von Benedict Pieringer
Sammlungen des Fürsten von und zu Liechtenstein, Vaduz–Wien, Inv.-Nr. GR 2498

43
Rudolf Matthias Toma (1792–1869)
Praterpartie, um 1835
Öl auf Holz, 43 x 33,7 cm
bez. unten links: R M Toma
Wien Museum, Inv.-Nr. 10.128

44
Heinrich Reinhold (1789–1825)
Partie aus dem Prater, davor am Ufer des Flusslaufes ein Boot mit Angler, 1819
Kupferstich, 20,9 x 25,8 cm
bez. in der Platte unten links: Heinr. Reinhold. fec. 1819
Sammlungen des Fürsten von und zu Liechtenstein, Vaduz–Wien, Inv.-Nr. GR 2513

45
Heinrich Reinhold (1789–1825)
Waldlandschaft mit Holzbrücke über einen Fluss und Angler, 1816
Kupferstich, 14,3 x 19,5 cm
bez. in der Platte unten links: Heinr. Reinhold. f. nach d. Nat. 1816 Wien
Sammlungen des Fürsten von und zu Liechtenstein, Vaduz–Wien, Inv.-Nr. GR 2511

46
Friedrich Philipp Reinhold (1779–1840)
Partie aus der Praterau, 1816
Kupferstich, 8,3 x 13,2 cm
bez. in der Platte unten links: F. Php. Reinhold inv. f. 1816
Sammlungen des Fürsten von und zu Liechtenstein, Vaduz–Wien, Inv.-Nr. GR 2509

47
Heinrich Reinhold (1789–1825)
Flusslandschaft mit Brücke und korbtragender Frau, im Vordergrund ein Reiter, 1816
Kupferstich, 14,1 x 19,3 cm
bez. in der Platte unten Mitte: Heinr. Reinhold f. n. der Nat. 1816 Wien
Sammlungen des Fürsten von und zu Liechtenstein, Vaduz–Wien, Inv.-Nr. GR 2510

48
Johann Hieronymus Löschenkohl (1753–1807)
Die neue Praterlust oder daß vergnügte Wienn in seinem Geliebten IOSEPH.
Kupferstich, partiell laviert, 51,5 x 65,5 cm
Sammlungen des Fürsten von und zu Liechtenstein, Vaduz–Wien, Inv.-Nr. GR 2886

49
Johann Hieronymus Löschenkohl (1753–1807)
Die neue Praterlust oder daß vergnügte Wienn in seinem Geliebten IOSEPH.
Kupferstich, Zustandsdruck, 46,7 x 65,1 cm, beschnitten
Sammlungen des Fürsten von und zu Liechtenstein, Vaduz–Wien, Inv.-Nr. GR 2885

50
Angelo Guiducci (tätig 1748–1779)
Bildnis des späteren Kaisers Joseph II. von Österreich (1741–1790) im Alter von 14 Jahren
Kupferstich, 48,2 x 28,6 cm
bez. unten Mitte: In dev.i animi argen.tum Angelus Guiducci Sculps.
Vindobonae XIV Kal. April MDCCLV.
Sammlungen des Fürsten von und zu Liechtenstein, Vaduz–Wien, Inv.-Nr. GR 2608

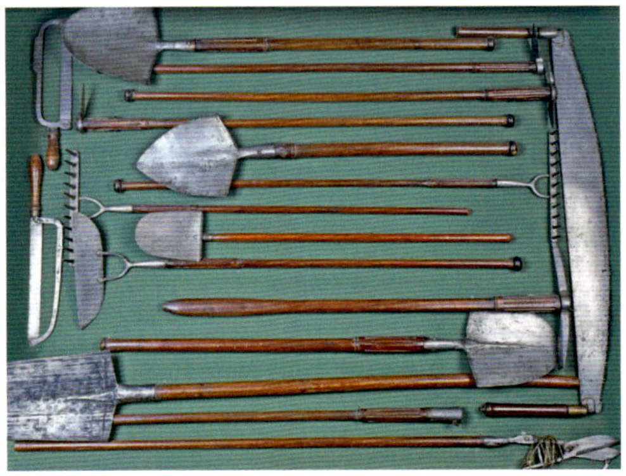

51
Gartenwerkzeug von Kaiser Franz II. (I.), 1. Hälfte 19. Jh.
Stahl, Nuss, Mahagoni
Bundesmobilienverwaltung, Wien
Inv.-Nr. MD 043310, MD 043320, MD 043314, MD 043318

52
Diverse Gartenwerkzeuge, 19. Jh.
Eisen, Holz
Österreichisches Gartenbaumuseum, Wien

53
Wilhelm Kobell (1766–1855)
gestochen von Adam Bartsch (1757–1821)
Unterhaltung zu Pferde im Prater nach dem Lusthaus, 19. Jh.
Kupferstich, koloriert, Platte: 34 x 43,7 cm, Blatt: 40 x 53,7 cm
bez. unten links: W. Kobell pinx.
bez. unten rechts: A. Bartsch sc 1804
Sammlungen des Fürsten von und zu Liechtenstein, Vaduz–Wien, Inv.-Nr. GR 2882

54
Unbekannt
Ansicht des Lusthauses im Prater, 19. Jh.
Kupferstich, koloriert, Platte: 33,1 x 44,1 cm, Blatt: 44,6 x 54,2 cm
Sammlungen des Fürsten von und zu Liechtenstein, Vaduz–Wien, Inv.-Nr. GR 2878

55
Wilhelm Kobell (1766–1855)
gestochen von Adam Bartsch (1757–1821)
Unterhaltung zu Pferde im Prater bey dem Panorama, 19. Jh.
Kupferstich, koloriert, Platte: 32,5 x 43,5 cm Blatt: 39 x 51,7 cm
bez. unten links: W. Kobell pinx.
bez. unten rechts: A. Bartsch Sculp.
Sammlungen des Fürsten von und zu Liechtenstein, Vaduz–Wien, Inv.-Nr. GR 2880

56
Unbekannt
Ansicht des Panorama im Prater bey Wien, 19. Jh.
Radierung, koloriert, Platte: 32,7 x 44 cm, Blatt: 39,4 x 50,8 cm
Sammlungen des Fürsten von und zu Liechtenstein, Vaduz–Wien, Inv.-Nr. GR 2992

57
Unbekannt, 19. Jahrhundert
Der Circus Gymnasticus im Prater bey Wien, 1. Hälfte 19. Jh.
Radierung, koloriert, Platte: 32,5 x 44,4 cm, Blatt: 36 x 51,3 cm
Sammlungen des Fürsten von und zu Liechtenstein, Vaduz–Wien, Inv.-Nr. GR 2991

58
Kaiserliche Porzellanmanufaktur Wien
Tasse und Untertasse mit Ansicht des Zirkus Bach, um 1811
Porzellan, unterglasurblauer Bindenschild, matter apfelgrüner Fond,
radierter und polierter Golddekor, Höhe: 6 cm, Untertasse: 14 cm
Jahresstempel 811, verschiedene Weissdrehernummern 6 (?) auf Tasse,
49 auf Untertasse, Malernummer 155 (Joseph Kürner, in Gold)
Sammlungen des Fürsten von und zu Liechtenstein, Vaduz–Wien, Inv.-Nr. PO 2081

59
Unbekannt, 19. Jahrhundert
Platz der grossen Vorstellungen im Prater, 19. Jh.
Kupferstich, koloriert, 31,6 x 43 cm
Sammlungen des Fürsten von und zu Liechtenstein, Vaduz–Wien, Inv.-Nr. GR 2879

60
Tranquillo Mollo (1767–1837)
Prater: der Feuerwerksplatz
Aus der Mappe WIEN'S UMGEBUNGEN, 1827
Umrissradierung, koloriert, 9 x 13,6 cm
Sammlungen des Fürsten von und zu Liechtenstein, Vaduz–Wien,
Bibliothek, Signatur 9220

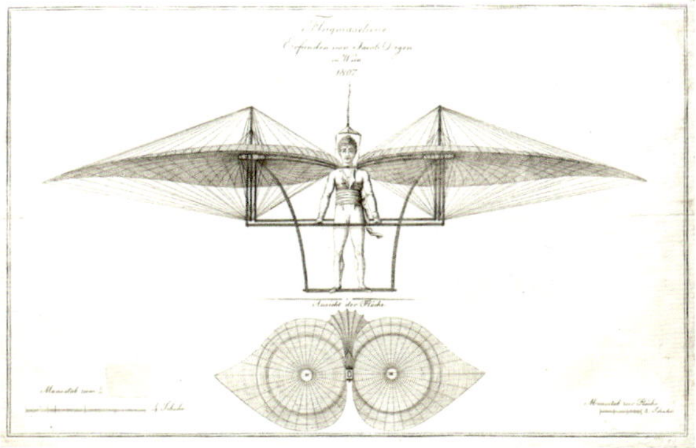

61
Joseph Erasmus Bellinger
Flugmaschine, erfunden von Jacob Degen in Wien 1807, 1807
Kupferstich, 27,9 x 43,1 cm
bez. unten rechts: Jo. Belling. s.c.
Sammlungen des Fürsten von und zu Liechtenstein, Vaduz–Wien, Inv.-Nr. GR 3015

62
Carl Schütz (1745–1800)
Ansicht der grossen Allee im Prater beym Cafféehaus, 3. Viertel 19. Jh.
Radierung, koloriert, Platte: 32,5 x 44,5 cm, Blatt: 37 x 49,1 cm
Sammlungen des Fürsten von und zu Liechtenstein, Vaduz–Wien, Inv.-Nr. GR 2989

63
Rudolf von Alt (1812–1905)
Praterwiese, um 1850
Bleistift, aquarelliert, 27 x 31 cm
bez. unten rechts: R. Alt
Wien Museum, Inv.-Nr. 63.411

64
Jacques Rigaud (um 1681 – nach 1753)
Les Trois Fontaines
Kupferstich, Platte: 25,8 x 49 cm, Blatt: 30,3 x 53,1 cm
bez. unten links: J. Rigaud. In. Sculp.
bez. unten rechts: avec Privilege du Roy, 11
Sammlungen des Fürsten von und zu Liechtenstein, Vaduz–Wien, Inv.-Nr. GR 3005

65
Jacques Rigaud (um 1681 – nach 1753)
Le Théâtre d'eau [von Versailles]
Kupferstich, Platte: 25,5 x 48,6 cm, Blatt: 30,4 x 53,4 cm
bez. unten links.: J. Rigaud. In. Sculp.
bez. unten rechts: avec Privilege du Roy, 8
Sammlungen des Fürsten von und zu Liechtenstein, Vaduz–Wien, Inv.-Nr. GR 3004

66
Isaac de Moucheron (1667–1744)
Palastgarten mit Wasserkünsten
Öl auf Leinwand, 98,2 x 115,4 cm
bez. unten Mitte: I. Moucheron Fecit
Sammlungen des Fürsten von und zu Liechtenstein, Vaduz–Wien, Inv.-Nr. GE 1066

67
Bernardo Bellotto (1722–1780)
Das Gartenpalais Liechtenstein in Wien vom Belvedere, 1759/60
Öl auf Leinwand, 99,8 x 158,5 cm
Sammlungen des Fürsten von und zu Liechtenstein, Vaduz–Wien, Inv.-Nr. GE 889

68
Kaiserliche Porzellanmanufaktur Wien
Tête-à-tête (sechsteilig) *mit Aussicht auf Wien von Schloss Belvedere aus*, um 1808
Porzellan, unterglasurblaue Bindenschilder
Tablettlänge: 41,5 cm, Kassette: 18,5 x 55 x 38 cm
Jahresstempel 807 und 808, verschiedene Weissdrehernummern
Sammlungen des Fürsten von und zu Liechtenstein, Vaduz–Wien, Inv.-Nr. PO 2064

69
Friedrich Oelenhainz (1715 1804)
Porträt der Prinzessin Maria Josepha Hermenegilde von Liechtenstein (1768–1845), 1776
Öl auf Leinwand, 102,5 x 141,9 cm
Sammlungen des Fürsten von und zu Liechtenstein, Vaduz–Wien, Inv.-Nr. GE 1760

70
Johann Baptist Drechsler (1756–1811)
Blumenstück (Blumenstrauss in Vase vor dorischem Tempel)
Öl auf Leinwand, 150 x 180 cm
Fürstlich Schwarzenberg'sche Kunststiftung, Vaduz, Inv.-Nr. 23

71
Königliche Porzellanmanufaktur Berlin
Runder Früchtekorb mit durchbrochenem Gitterwerk, 1765/66
Aus dem Service von Friedrich II. von Preussen für Fürst Joseph Wenzel von Liechtenstein
Porzellan, unterglasurblaue Szeptermarke, 8,6 x 18,2 x 15 cm
Sammlungen des Fürsten von und zu Liechtenstein, Vaduz–Wien, Inv.-Nr. PO 958

72
Kaiserliche Porzellanmanufaktur Wien
Ovaler durchbrochener Fruchtkorb mit Asthenkeln, um 1770
Porzellan, unterglasurblauer Bindenschild, 16 x 23 x 34 cm
Bossiererzeichen: C
Sammlungen des Fürsten von und zu Liechtenstein, Vaduz–Wien, Inv.-Nr. PO 27

73
Kaiserliche Porzellanmanufaktur Wien
Zwei ovale Fruchtkörbchen, um 1770
Porzellan, unterglasurblauer Bindenschild
Bossiererzeichen: No
Sammlungen des Fürsten von und zu Liechtenstein, Vaduz–Wien, Inv.-Nr. PO 15

74
Kaiserliche Porzellanmanufaktur Wien
Ovales Früchtekörbchen mit Asthenkeln aus dem liechtensteinischen Tafel- und Dessertservice, 1784–1787
Porzellan, Aufglasurfarben, leithnerblauer Fond, Golddekor, unterglasurblauer Bindenschild, 12 x 21,5 x 31 cm
Sammlungen des Fürsten von und zu Liechtenstein, Vaduz–Wien, Inv.-Nr. PO 2032

75
Kaiserliche Porzellanmanufaktur Wien
Kredenzplatte aus dem liechtensteinischen Tafel- und Dessertservice, 1784–1787
Porzellan, Aufglasurfarben, leithnerblauer Fond, Golddekor, unterglasurblauer Bindenschild
Sammlungen des Fürsten von und zu Liechtenstein, Vaduz–Wien, Inv.-Nr. PO 2033

76
Unbekannt, um 1790
Habit à la française, um 1790
überknielanger Frack à la française (Stehkragen, Manschetten, Pattentaschen), schwarzer Seidensamt; Seidenstickerei (teilweise mit Karton unterlegt, Flachstich, teilweise ineinandergreifend, wenig Knötchenstich), an Kanten Klöppelborte; grosse Knöpfe mit besticktem Stoff überzogen, keine Knopflöcher, drei Häkchenverschlüsse; Taschen mit drei gezackten Patten (ins Rückenteil reichend), Manschetten mit 3 bestickten Knöpfen; Rückenmitte: verdeckter Schlitz mit 5 erhaltenen Zierknöpfen; durchgehendes Futter: cremefarbener Seidenatlas
Vorderlänge 116 x 52 cm halber Bund, Ärmellänge 65 cm
Sammlungen des Fürsten von und zu Liechtenstein, Vaduz–Wien, Inv.-Nr. TE 199

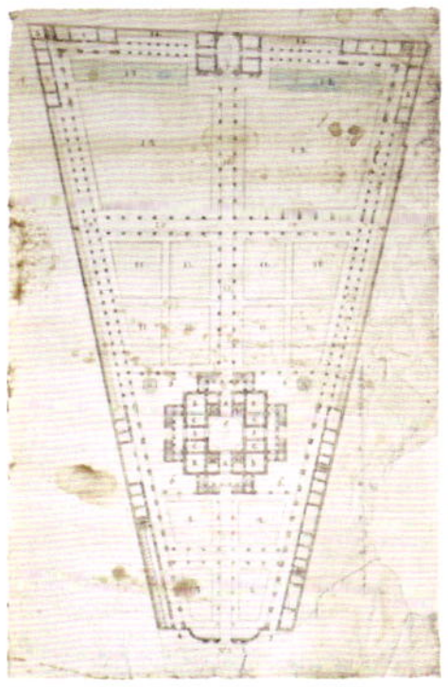

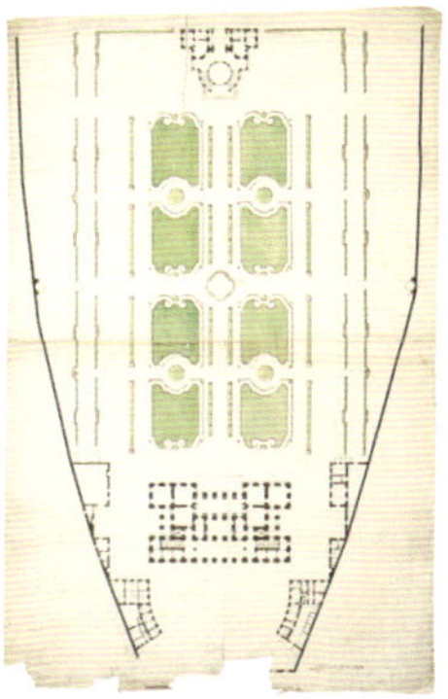

77
Joseph Hickel (1736–1807)
Porträt des Fürsten Alois I. von Liechtenstein (1759–1805), 1796
Öl auf Leinwand, 56,5 x 45,9 cm
bez. unten rechts: Jos. Hickel 1796.
Sammlungen des Fürsten von und zu Liechtenstein, Vaduz–Wien, Inv.-Nr. GE 1674

78
Alexander Roslin (1718–1793)
Bildnis des Fürsten Franz Josef I. von Liechtenstein (1726–1781), 1778
Öl auf Leinwand, 64,7 x 53,8 cm
bez. rechts: Pt. P. le Chev: Roslin. a vienne 1778.
Sammlungen des Fürsten von und zu Liechtenstein, Vaduz–Wien, Inv.-Nr. GE 1474

79
Oberitalienischer Architekt, 17. Jahrhundert
Palais Liechtenstein in der Rossau (Grundriss von Garten, Palais und Hof), vor 1687
Federzeichnung auf Papier 71,3 x 45,7 cm
Sammlungen des Fürsten von und zu Liechtenstein, Vaduz–Wien, Inv.-Nr. PK 816

80
Unbekannt, 18. Jahrhundert
Plan des barocken Gartens des Palais Liechtenstein in der Rossau, vor 1733
Papier, Bleistift, Tusche, koloriert, 97,7 x 61,4 cm
Sammlungen des Fürsten von und zu Liechtenstein, Vaduz–Wien, Inv.-Nr. PK 735

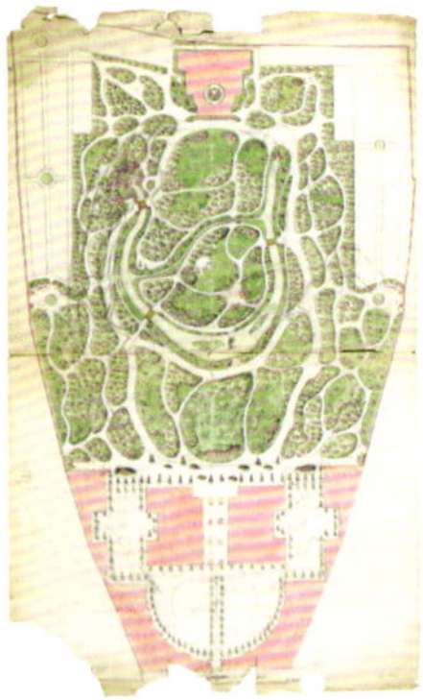

81
Philip Prohaska
Plan zur Umgestaltung des Gartens des Palais Liechtenstein in der Rossau als Englischer Garten, um 1801
Papier, Bleistift, Tusche, koloriert, 100,2 x 59,1 cm
Sammlungen des Fürsten von und zu Liechtenstein, Vaduz–Wien, Inv.-Nr. PK 734

82
Joseph Hardtmuth (1758–1816)
Portal zum Ehrenhof des Gartenpalais Liechtenstein in der Rossau, 1793
Papier, Tusche über Bleistift, laviert, 45 x 59 cm
Sammlungen des Fürsten von und zu Liechtenstein, Vaduz–Wien, Inv.-Nr. PK 736

83
Joseph Kornhäusel (1782–1860)
Portal zum Ehrenhof des Gartenpalais Liechtenstein, 1814
Papier, Tusche über Bleistift, laviert, 40 x 64 cm
Sammlungen des Fürsten von und zu Liechtenstein, Vaduz–Wien, Inv.-Nr. PK 737

84
Carl Schütz (1745–1800)
radiert von Johann Andreas Ziegler (1749–1802), verlegt von Artaria et Comp.
Pallast der Gemaehlde=Sammlung S.D. des Fürsten Liechtenstein von der Garten-Seite anzusehen, um 1816
Radierung, koloriert, Platte: 32,7 x 44,2 cm, Blatt: 39,1 x 51 cm
Sammlungen des Fürsten von und zu Liechtenstein, Vaduz–Wien, Inv.-Nr. GR 2192

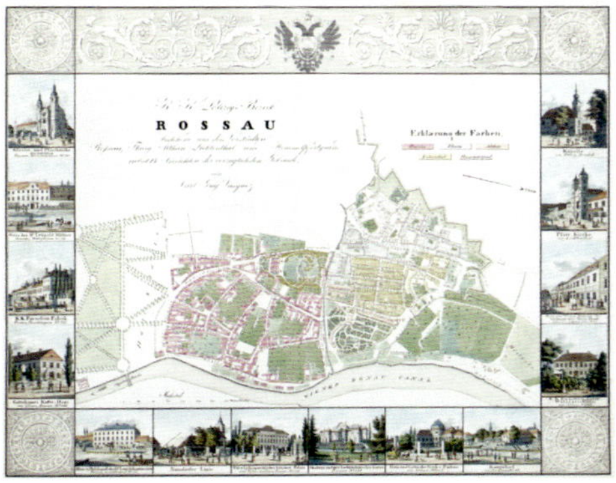

85
Carl Graf Vasquez (1796–1861)
Plan des K. K. Polizeibezirks Rossau mit den Hausnummern, umrahmt von Ansichten der wichtigsten Gebäude
Kupferstich, koloriert, 53,5 x 68 cm
bez. oben links: K. K. Polizey-Bezirk ROSSAU bestehend aus den Vorstädten Rossau, Thury, Althan, Lichtenthal und Himmelpfortgrund nebst Ansichten der vorzüglichsten Gebäude, von Carl Graf Vasquez
Sammlungen des Fürsten von und zu Liechtenstein, Vaduz–Wien, Inv.-Nr. PK 826

86
Franz Wolf (1795–1859)
Partie aus dem Fürstl. Liechtensteinischen gedekten Wintergarten in Wien
Lithographie, koloriert, 30,5 x 41,8 cm
bez. unten links: Nach der Natur v. Wolf. 832
bez. unten rechts: Ged. im lith. Inst. in Wien
Sammlungen des Fürsten von und zu Liechtenstein, Vaduz–Wien, Inv.-Nr. GR 2978

87
Fürst Hermann von Pückler-Muskau
Umwandlung eines barocken in einen englischen Landschaftsgarten
(Ansicht des barocken Gartens)
Aus: *Andeutungen über Landschaftsgärtnerei. Verbunden mit der Beschreibung ihrer praktischen Anwendung in Muskau*, No. XI, 1833/34,
Esterházy Privatstiftung, Schloss Eisenstadt – Bibliothek, Inv.-Nr. LE–15211

Fürst Hermann von Pückler-Muskau
Umwandlung eines barocken in einen englischen Landschaftsgarten
(Ansicht des englischen Landschaftsgartens)
Aus: *Andeutungen über Landschaftsgärtnerei. Verbunden mit der Beschreibung ihrer praktischen Anwendung in Muskau*, No. XI, 1833/34,
Esterházy Privatstiftung, Schloss Eisenstadt – Bibliothek, Inv.Nr. LE–15211

88
Christian Ludwig Stieglitz (1756–1836)
gestochen von Darnstedt
Die Rotunde, 1798
Kupferstich, 14,6 x 8,5 cm
bez. unten links: Siegel del.
bez. unten rechts: J. A. Darnstedt fc
Aus: *Gemälde von Gärten im neuern Geschmack*.
Leipzig, Voss & Comp., 8. Hldr. 1798,
Sammlungen des Fürsten von und zu Liechtenstein, Vaduz–Wien,
Bibliothek, Signatur 100–1–29

89
Dayes
Coverham Park in Oxfordshire, the Seat of Major Marfac, 1787
aus der Mappe *Picturesque, of the principal seats of the nobility and gentry in England and Wales*. London, Harrison, n. d. qu. 4. Ldr.
Kupferstich, 10 x 16,1 cm
bez. unten links: Dayes del.
bez. unten rechts: Walker scupl.
Sammlungen des Fürsten von und zu Liechtenstein, Vaduz–Wien, Bibliothek,
Signatur 100–2–25

90
Johann Nepumuk Höchle (1790–1835)
gestochen von Franz Wolf (1795–1859)
Kaiser Franz und seine Familie in Laxenburg
Hauptmomente aus dem Leben Sr. Majestät Franz I. Kaisers von Österreich apostol. Königs, 1807
bez. unten rechts: F. Wolf lith.
bez. unten links: Höchle del.
Lithographie, 48 x 68,5 cm
Sammlungen des Fürsten von und zu Liechtenstein, Vaduz–Wien, GR 3071

91
Tranquillo Mollo (1767–1837)
Laxenburg: Franzensburg
Aus: *WIEN'S UMGEBUNGEN*, 1827
Umrissradierung, koloriert, 9 x 13,6 cm
Sammlungen des Fürsten von und zu Liechtenstein, Vaduz–Wien,
Bibliothek, Signatur 9220

92
Tranquillo Mollo (1767–1837)
Laxenburg: Prunksaal
Aus: *WIEN'S UMGEBUNGEN,* 1827
Umrissradierung, koloriert, 9 x 13,6 cm
Sammlungen des Fürsten von und zu Liechtenstein, Vaduz–Wien, Bibliothek,
Signatur 9220

93
Tranquillo Mollo (1767–1837)
Laxenburg: Das Burg Verliess
Aus: *WIEN'S UMGEBUNGEN,* 1827
Umrissradierung, koloriert, 9 x 13,6 cm
Sammlungen des Fürsten von und zu Liechtenstein, Vaduz–Wien, Bibliothek,
Signatur 9220

94
Tranquillo Mollo (1767–1837)
Laxenburg: Die Kappelle von Innen
Aus: *WIEN'S UMGEBUNGEN,* 1827
Umrissradierung, koloriert, 9 x 13,6 cm
Sammlungen des Fürsten von und zu Liechtenstein, Vaduz–Wien, Bibliothek,
Signatur 9220

95
Tranquillo Mollo (1767–1837)
Laxenburg: Der neue Pavillon
Aus: *WIEN'S UMGEBUNGEN,* 1827
Umrissradierung, koloriert, 9 x 13,6 cm
Sammlungen des Fürsten von und zu Liechtenstein, Vaduz–Wien, Bibliothek,
Signatur 9220

96
Tranquillo Mollo (1767–1837)
Laxenburg: Kanal
Aus: *WIEN'S UMGEBUNGEN*, 1827
Umrissradierung, koloriert, 9 x 13,6 cm
Sammlungen des Fürsten von und zu Liechtenstein, Vaduz–Wien, Bibliothek, Signatur 9220

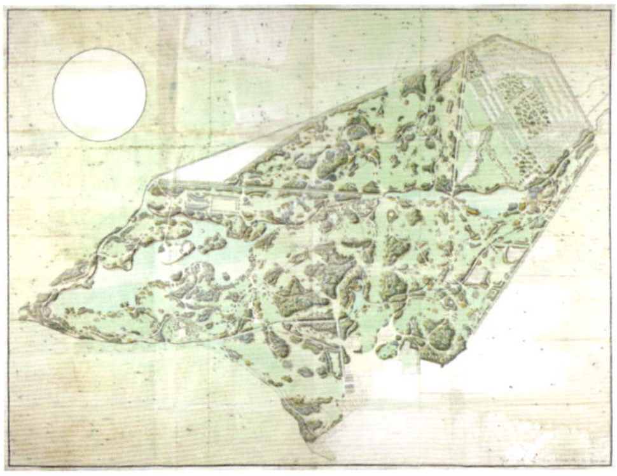

97
Peter Joseph Lenné (1789–1866)
Laxenburg, Vogelschauansicht eines Entwurfes für die Gestaltung des Gartens, 1815
Feder, laviert, 141,5 x 185 cm
Albertina, Wien, Inv.-Nr. AZ12410

98
Laurenz Janscha (1749–1812)
Das Haus der Laune in dem K.K. Lustgarten zu Laxenburg, Skizze
Bleistift, Aquarell, 26,6 x 41 cm
Albertina, Wien, Inv.-Nr. 7443

99
Unbekannt
Laxenburg, Haus der Laune, Musikzimmer, Wanddekoration, Entwurf
mehrfarbige Gouache, 21,9 x 21,7 cm
Albertina, Wien, Inv.-Nr. AZ9063

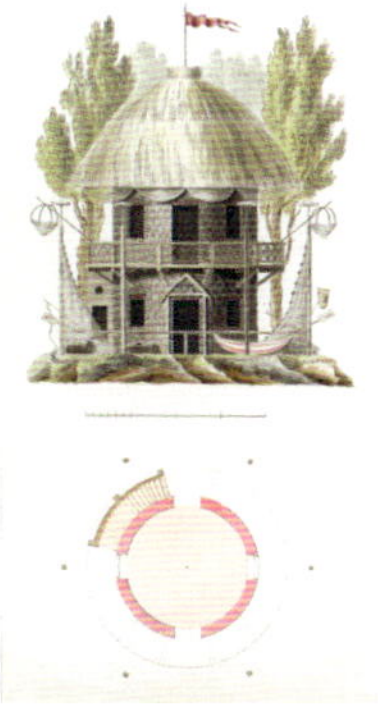

100
Unbekannter Zeichner aus dem Kreis der Wiener Akademie
Laxenburg, Parkanlage, Fischerdörfel, Fischerhütte, Grundriss und Orthogonalansicht
Federzeichnung, Bleistift, Feder in Schwarz und Grau,
mehrfarbig laviert 61,3 x 31,7 cm
Albertina, Wien, Inv.-Nr. AZ8912

101
Tranquillo Mollo (1767–1837)
Laxenburg: Das Fischerdörfchen
Aus: *WIEN'S UMGEBUNGEN*, 1827
Umrissradierung, koloriert, 9 x 13,6 cm
Sammlungen des Fürsten von und zu Liechtenstein, Vaduz–Wien,
Bibliothek, Signatur 9220

102
Carl Schütz (1745–1800)
Der Grottenberg im Garten des Grafen Fries in Vöslau, 1777
Kupferstich, Platte: 52,4 x 61,8 cm, Blatt: 53,5 x 68,9 cm
bez. unten rechts: Dessiné et Gravé par Charles Schütz Membre de l'Acad. i. R.
bez. Mitte oben: C. Schütz Neunte Platte. 1777,
bez. unten: Grotte Artificielle au Jardin, du Baron de Fries à Voeslau …
Wien Museum, Inv.-Nr. 41.032

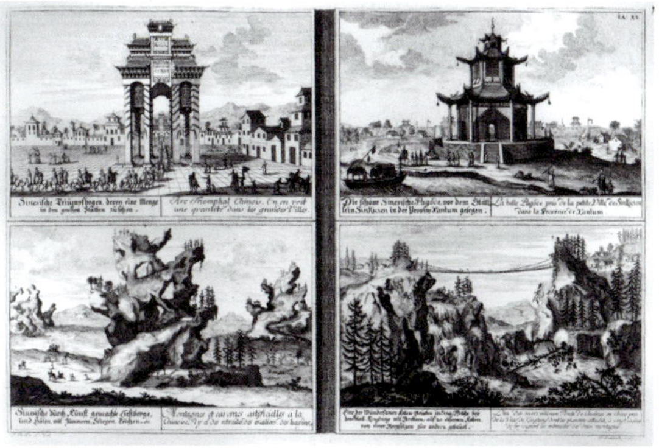

103
Johann Bernhard Fischer von Erlach (1656–1723)
4 Architektur- und Landschaftsmodelle sinesischer Bauart
bez. unten links: J.B.F.v.E.del:
bez. unten rechts: gestochen von Delsenbach. sculp.
Aus: *Entwurff einer historischen Architektur* ..., 1721, 3. Buch, Tafel 15
Sammlungen des Fürsten von und zu Liechtenstein, Vaduz–Wien,
Bibliothek, Signatur 125–2–20

104
Benedikt Piringer (1780–1826)
Eingang zur Grotte zum Tempel der Nacht im Garten des Herrn Baron v. Braun, zu Schönau, um 1820
Aquatinta, koloriert, Platte: 18 x 23,8 cm, Blatt: 19 x 24,4 cm
bez. unten links: gezeichnet und geätzt v. Pieringer
NÖ Landesbibliothek, Topographische Sammlung, Inv.-Nr. 6.724

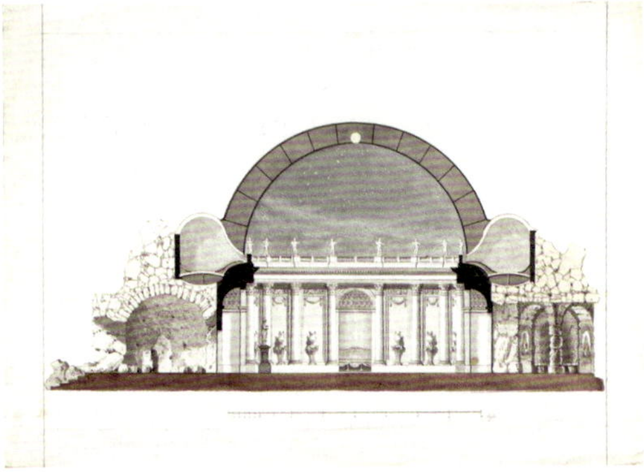

105
Johann Ferdinand Hetzendorf von Hohenberg (1733–1816)
Schnitt durch den Tempel der Nacht im Schlosspark von Schönau/Triesting, um 1800
Feder über Bleistift auf Papier, aquarelliert, 36 x 49,7 cm
Sammlungen des Fürsten von und zu Liechtenstein, Vaduz–Wien, Inv.-Nr. PK 809

106
Benedikt Piringer (1780–1826)
Der Tempel der Nacht im Garten des Herrn Baron v. Braun, zu Schönau, um 1820
Aquatinta, koloriert, Platte: 17,7 x 24 cm, Blatt: 27,2 x 40,6 cm
bez. unten links: gezeichnet und geätzt v. Pieringer
NÖ Landesbibliothek, Topographische Sammlung Signatur: 6.724 (alt E XXII 882)

107
Kaiserliche Porzellanmanufaktur Wien
Solitaire mit Freimaurersymbolik, Ansichten eines Schlosses und Gartenanlagen, um 1798
Porzellan, Sepiamalerei, Seladongrün, Gold, unterglasurblauer Bindenschild
Tablettlänge: 31 cm, Kanne: 13,5 cm, Zuckerdose: 10 cm
Jahresstempel (17)97 (Tablett), (17)93 (Kanne), (17)96 (Zuckerdose), (17)98 (Tasse mit Untertasse), Weissdrehernummer 3 (Kanne), 8 (Zuckerdose), 47 (Tasse), 11 (Untertasse), geprägt: J. geritzt: X (Tablett)
Sammlungen des Fürsten von und zu Liechtenstein, Vaduz–Wien, Inv.-Nr. PO 2190

108
Kaiserliche Porzellanmanufaktur Wien
Tasse mit Untertasse, Vollmond mit Wolken, Sonne die Nacht vertreibend, um 1805
Porzellan, Aufglasurfarben, Silber, Gold, unterglasurblauer Bindenschild,
Tassenhöhe: 5,9 cm, Durchmesser Untertasse: 13,7 cm
Tasse: Jahresstempel (1)805, Weissdrehernummer 47
Untertasse: Jahresstempel (1)805, Weissdrehernummer 11, eingeprägt 4
Sammlungen des Fürsten von und zu Liechtenstein, Vaduz–Wien, Inv.-Nr. PO 2188

109
Laurenz Janscha (1749–1812)
Ansicht des Diana-Tempels zu Erlaa, um 1790
Feder in Grau und Schwarz, Spuren einer Bleistiftvorzeichnung, Aquarell, 26,7 x 41,3 cm
Albertina, Wien, Inv.-Nr. 6887

110
V. Kininger
gestochen von C. Pfeiffer
Monument welches sich in dem Garten des Herrn Franz Edlen von Mack
zu Kalchspurg befindet
Punzierstich, 45,2 x 30,1 cm
bez. unten rechts: Gestochen von C. Pfeiffer, Mitglied der k.k. Acad. der bild. Künste
bez. unten Mitte: Gezeichnet von V. Kininger
bez. unten links: Gehauen von Käsman
Sammlungen des Fürsten von und zu Liechtenstein, Vaduz–Wien, Inv.-Nr. GR 3016

111
Salomon Kleiner (1700–1761)
Abbildung des Fasanen Hof und Lust Gartens, samt denen Schloßs Gebäuden
und grossen Mayer Hofs, Vogelschauplan von Osten, 1738
Tusche, laviert
Privatsammlung

112
Salomon Kleiner (1700–1761)
Völliger Prospect des Lust und Land Schloßs, samt denen Hof Lust und Fasanen Gärten
Vogelschauplan von Westen, 1738
Tusche, laviert
Privatsammlung

113
Franz Jaschke (1775–1842)
Das Graeflich Harachische Schloss zu Bruck an der Layta, um 1810
Gouache, 27,3 x 39,5 cm
NÖ Landesbibliothek, Topographische Sammlung, Inv.-Nr. 924

114
Franz Weirotter (1730–1771)
Eine Partie aus dem Garten zu Bruck an der Layta
Aquarell, 26,3 x 29,4 cm
Sammlungen des Fürsten von und zu Liechtenstein, Vaduz–Wien, Inv.-Nr. GR 2917

115
Jakob Gauermann (1773–1843)
Parklandschaft bei Bruck an der Leitha
Aus der Mappe VUES DU JARDIN DE BRUCK
Kupferstich, Platte: 27,5 x 36,6 cm, Blatt: 28,5 x 37,3 cm
Sammlungen des Fürsten von und zu Liechtenstein, Vaduz–Wien, Inv.-Nr. GR 2996

116
Jakob Gauermann (1773–1843)
Parklandschaft bei Bruck an der Leitha
Aus der Mappe VUES DU JARDIN DE BRUCK
Kupferstich, Platte: 27,6 x 36,6 cm, Blatt: 30,3 x 39,4 cm
Sammlungen des Fürsten von und zu Liechtenstein, Vaduz–Wien, Inv.-Nr. GR 2999

117
Jakob Gauermann (1773–1843)
Parklandschaft bei Bruck an der Leitha
Aus der Mappe VUES DU JARDIN DE BRUCK
Kupferstich, Platte: 27,5 x 36,7 cm, Blatt: 29,9 x 39 cm
Sammlungen des Fürsten von und zu Liechtenstein, Vaduz–Wien, Inv.-Nr. GR 3002

118
Jakob Gauermann (1773–1843)
Parklandschaft bei Bruck an der Leitha
Aus der Mappe VUES DU JARDIN DE BRUCK
Kupferstich, Platte: 27,4 x 37 cm, Blatt: 29,7 x 39,5 cm
sign. in der Platte unten links: JGauermann fecit
Sammlungen des Fürsten von und zu Liechtenstein, Vaduz–Wien, Inv.-Nr. GR 3000

119
Laurenz Janscha (1749–1812)
radiert von Johann Andreas Ziegler (1749–1802)
Ansicht eines Theiles des Englischen Schlossgarten zu Schönborn, um 1810
Umrissradierung, koloriert, Platte: 27 x 41,3 cm, Blatt: 31 x 43,2 cm, beschnitten
NÖ Landesbibliothek, Topographische Sammlung, Inv.-Nr. 6.769

120
Ferdinand Runk (1764–1834)
Grosser Teich im Garten von Schloss Schönborn in Göllersdorf
Bleistift, stellenweise aquarelliert, 25,4 x 42 cm
Kupferstichkabinett der Akademie der bildenden Künste Wien
Inv.-Nr. 10963

121
Ferdinand Runk (1764–1834)
Garten von Schloss Schönborn in Göllersdorf
Bleistift, stellenweise aquarelliert, 24,7 x 41,9 cm
Kupferstichkabinett der Akademie der bildenden Künste Wien
Inv.-Nr. 10968

122
Bauchige Vase mit unterglasurblauem Dekor, China um 1700
Porzellan, Höhe 51 cm
Sammlungen des Fürsten von und zu Liechtenstein, Vaduz–Wien, Inv.-Nr. PO 2024

123
Grosse Schüssel mit unterglasurblauem Dekor, China, Jingdezhen, Kangxi-Periode (1662–1723)
Porzellan, Durchmesser 49 cm
Sammlungen des Fürsten von und zu Liechtenstein, Vaduz–Wien, Inv.-Nr. PO 1367

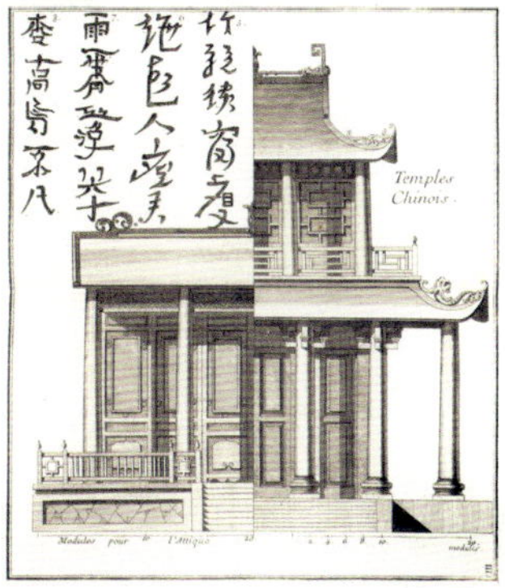

124
William Chambers (1722 oder 1723–1796)
Schnitt eines chinesischen Tempels, 1776
Aus: *Traité des édifices, meubles, habits, machines et ustensiles des Chinois*, Paris, 1776
Kupferstich, 29 x 25 cm

125
Kaiserliche Porzellanmanufaktur Wien
Schüssel im Imari-Stil mit Gartenszenen, Chrysanthemen und Päonien, 1744/49
Porzellan, bunt bemalt, Goldhöhung, Bindenschild in Aufglasurpurpur,
Höhe 7 cm, Durchmesser 34,5 cm
Sammlungen des Fürsten von und zu Liechtenstein, Vaduz–Wien, Inv.-Nr. PO 2151

126
Manufaktur Meissen
bemalt von Ignaz Preissler (1676–1741)
Teekanne mit Deckel, nach einer chinesischen Weinkannenform, um 1725
Böttgerporzellan, Schwarzlotmalerei mit Goldhöhung, Höhe 13,8 cm
Sammlungen des Fürsten von und zu Liechtenstein, Vaduz–Wien, Inv.-Nr. PO 2137

127
Manufaktur Meissen
Modell von Georg Fritzsche
Chinese vor einer Gartenlaube, um 1725
Porzellan, bunt staffiert, 24 cm
Blaue Schwertermarke
Sammlungen des Fürsten von und zu Liechtenstein, Vaduz–Wien, Inv.-Nr. PO 1018

128
Manufaktur Meissen
Modell von Georg Fritzsche
Sitzender Chinese mit Vogel, um 1730
Porzellan, bunt staffiert, 15 x 22,4 cm
Unterglasurblaue Schwertermarke
Sammlungen des Fürsten von und zu Liechtenstein, Vaduz–Wien, Inv.-Nr. PO 1022

129
Manufaktur Chantilly
Chinese (Magot) mit Blumenkorb, um 1740
Weichporzellan, bunt staffiert, 18,5 x 16 cm
Sammlungen des Fürsten von und zu Liechtenstein, Vaduz–Wien, Inv.-Nr. PO 1012

130
Kaiserliche Porzellanmanufaktur Wien
Kanne mit Chinoiserien in Lackimitation, um 1788
Porzellan, Goldrelief auf schwarzem Fond, unterglasurblauer Bindenschild, Höhe 12,5 cm
Jahresstempel (17)88, Weissdrehernummer 26, Malernummer 28 (Karl Schwemminger)
Sammlungen des Fürsten von und zu Liechtenstein, Vaduz–Wien, Inv.-Nr. PO 2073

131
Kaiserliche Porzellanmanufaktur Wien
Tasse mit Untertasse mit Chinoiserien in Lackimitation, um 1800
Porzellan, Goldrelief auf schwarzem Fond, unterglasurblauer Bindenschild,
Höhe: 5,9 cm, Durchmesser Untertasse: 13,3 cm
Tasse: Jahresstempel (1)800, Weissdrehernummer 47
Untertasse: Jahresstempel (17)89, Weissdrehernummer 39,
Malernummer 28 (in Gold, für Karl Schwemminger)
Sammlungen des Fürsten von und zu Liechtenstein, Vaduz–Wien, Inv.-Nr. PO 2167

132
Josef Lanzadelli (1774–1832)
Fürst Nikolaus II. Esterházy, Anfang 19. Jh.
Öl auf Leinwand, Anfang 19. Jh., 120 x 95 cm
Esterházy Privatstiftung, Schloss Eisenstadt, Inv.-Nr. B 74

133
Ferdinand Georg Waldmüller (1793–1865)
Porträt des Architekten Charles de Moreau (1758–1841), 1822
Öl auf Leinwand, 55,5 x 44,6 cm
bez. unten links: Waldmüller 1822
Sammlungen des Fürsten von und zu Liechtenstein, Vaduz–Wien, Inv.-Nr. GE 1597

134
Wilhelm Friedrich Gmelin (1760–1820)
Der Wasserfall des Velino bey Terni, 1795
Kupferstich, 60,7 x 41,2 cm
bez. unten Mitte: In Rom von W. F. Gmelin 1795
Sammlungen des Fürsten von und zu Liechtenstein, Vaduz–Wien, Inv.-Nr. GR 2870

135
Wilhelm Friedrich Gmelin (1760–1820)
Die Grotte des Neptuns mit den Tempeln der Vesta und Sibylle in Tivoli, 1793
Kupferstich, 60,2 x 40,9 cm
bez. unten Mitte: In Rom von W: F: Gmelin 1793
Sammlungen des Fürsten von und zu Liechtenstein, Vaduz–Wien, Inv.-Nr. GR 2871

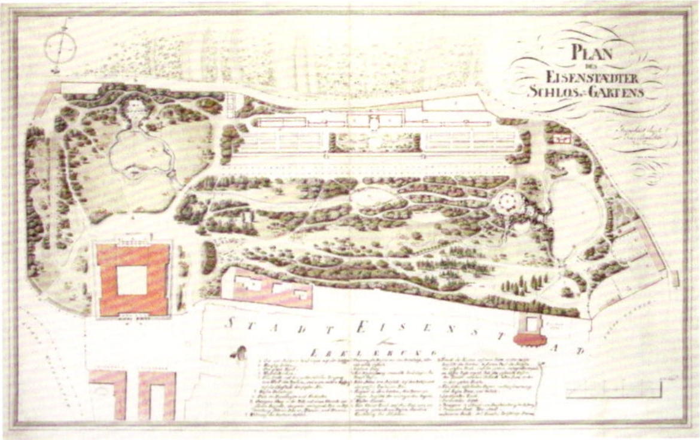

136
Maximilian von Verschaffelt (1754–1818) und Obergärtner Mathias Pölt (1742–1810)
Entwurf des Englischen Gartens auf dem Areal des alten Schlossgartens von Eisenstadt, um 1803
gezeichnet von: Johann Baptist Pölt
Federzeichnung, aquarelliert, 55 x 86 cm
Esterházy Privatstiftung, Burg Forchtenstein, Archiv, Plansammlung, Nr. BP 0251

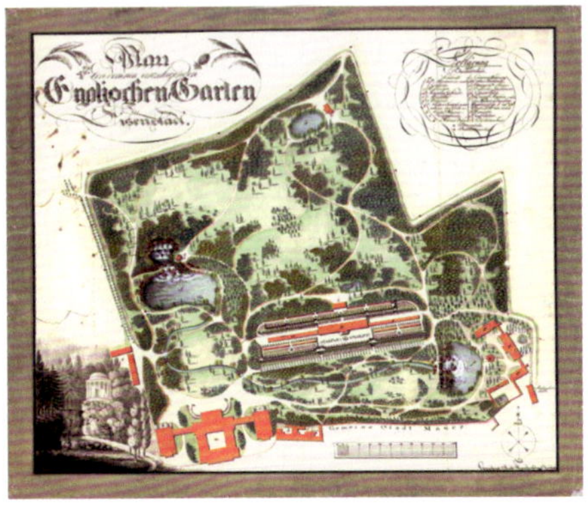

137
Charles de Moreau (1758–1841)
Englischer Garten von Eisenstadt, um 1806
gezeichnet von: Jakob Rauschenfels von Steinberg (1779–1841)
Tuschezeichnung, aquarelliert, 33 x 37,5 cm
Magyar Országos Levéltar (Ungarisches Staatsarchiv), Budapest,
Familienarchiv Esterházy, Plansammlung, T2, Nr. 1574

138
Albert Christoph Dies (1755–1822)
Leopoldinentempel mit Teich, 1807
Öl auf Leinwand, 168 x 217 cm
Esterházy Privatstiftung, Schloss Eisenstadt, Inv.-Nr. B 95

139
Albert Christoph Dies (1755–1822)
Maschinenteich mit Wasserfall, 1808
Öl auf Leinwand, 168 x 217 cm
Esterházy Privatstiftung, Schloss Eisenstadt, Inv.-Nr. B 94

140
Albert Christoph Dies (1755–1822)
Grotte am Leopoldinentempel, 1811
Öl auf Leinwand, 168 x 217 cm
Esterházy Privatstiftung, Schloss Eisenstadt, Inv.-Nr. B 57

141
Albert Christoph Dies (1755–1822)
Ansicht der Gloriette, 1806
Öl auf Leinwand, 168 x 217 cm
Esterházy Privatstiftung, Schloss Eisenstadt, Inv.-Nr. B 16

142
Johann Baptist Pölt (1742–1810), zugeschrieben
Ansicht des Marientempels im Föhrenwald im Landschaftsgarten von Eisenstadt, um 1810
Gouache, 36,3 x 53 cm
Szépmûvészeti Múzeum, Budapest, Graphische Sammlungen, Inv.-Nr. 1177

143
Johann Baptist Pölt (1742–1810)
Der Leopoldinentempel und seine Umgebung, um 1810
Gouache, 38 x 57 cm
Esterházy Privatstiftung, Schloss Eisenstadt – Graphische Sammlung, Inv.-Nr. B 19

144
Joseph und Eduard Gurk (1801–1841)
Schloss Eisenstadt, Projekt, 1827
Gouache, Papier, 95 x 232,5 cm
Esterházy Privatstiftung, Schloss Eisenstadt, Inv.-Nr. B 17

145
Mathias Stamm
nach Charles de Moreau (1758–1841)
Schloss Facciade von der Gartenseite, um 1803
Tempera auf Papier
Magyar Országos Levéltar (Ungarisches Staatsarchiv), Budapest,
Familienarchiv Esterházy, Plansammlung, Nr. 1383

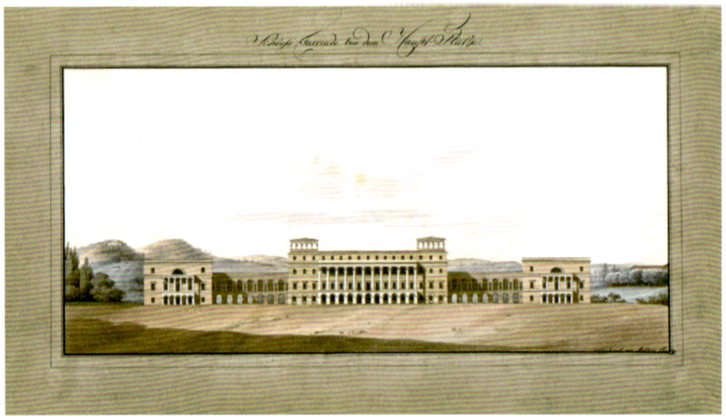

146
Mathias Stamm
nach Charles de Moreau (1758–1841)
Schloß Facciade von dem Haupt-Platze, um 1803
Tempera auf Papier
Magyar Országos Levéltar (Ungarisches Staatsarchiv), Budapest,
Familienarchiv Esterházy, Plansammlung, Nr. 1386

147
Johann Baptist Pölt (1742–1810)
Ansicht des Maschinenhauses im Landschaftsgarten von Eisenstadt, um 1810
Gouache, 36,6 x 53 cm
Szépmûvészeti Múzeum, Budapest, Graphische Sammlungen, Inv.-Nr. 1178

148
Modell einer Brücke für Wimpassing, um 1820
Holz, Spiegel, 53,9 x 43 x 189,3 cm
Ehem. Modell-, Plan- und Instrumentensammlung, Nr. 8
Esterházy Privatstiftung, Schloss Eisenstadt

149
Friedrich Oelenhainz (1745–1804)
Porträt des späteren Fürsten Alois I. von Liechtenstein (1759–1805)
Öl auf Leinwand, 104 x 142,5 cm
Sammlungen des Fürsten von und zu Liechtenstein, Vaduz–Wien, Inv.-Nr. GE 1757

150
Friedrich Oelenhainz (1745–1804)
Porträt des späteren Fürsten Johann I. von Liechtenstein (1760–1836)
Öl auf Leinwand, 105 x 142 cm
Sammlungen des Fürsten von und zu Liechtenstein, Vaduz–Wien, Inv.-Nr. GE 1758

151
Eduard Ströhling (1768 – nach 1826)
Bildnis des Fürsten Alois I. von Liechtenstein (1759–1805)
Öl auf Leinwand, 82 x 66,5 cm
Sammlungen des Fürsten von und zu Liechtenstein, Vaduz–Wien, Inv.-Nr. GE 1535

152
Johann Baptist Lampi (1751–1830)
Bildnis des Fürsten Johann I. von Liechtenstein (1760–1836), vor 1816
Öl auf Leinwand, 79,8 x 64,2 cm
Sammlungen des Fürsten von und zu Liechtenstein, Vaduz–Wien, Inv.-Nr. GE 465

153
Vinzenz Pilz (1816–1896)
Modell für das Standbild des Fürsten Johann I. von Liechtenstein (1760–1836) in der Feldherrenhalle des Heeresgeschichtlichen Museums in Wien, 1866
Gips, 189 x 106 x 65 cm
Sammlungen des Fürsten von und zu Liechtenstein, Vaduz–Wien, Inv.-Nr. SK 1483

154
Ludwig Ferdinand Schnorr von Carolsfeld (1788–1853)
Die breite Föhre nächst der Brühl bei Mödling, 1838
Öl auf Leinwand, 67 x 114 cm
Belvedere, Wien, Inv.-Nr. 3167

155
Ferdinand Runk (1764–1834)
Blick vom Türkischen Turm auf Park und Schloss Eisgrub, 1815
Gouache, 50 x 75 cm
Sammlungen des Fürsten von und zu Liechtenstein, Vaduz–Wien, Inv.-Nr. GR 582

156
Ferdinand Runk (1764–1834)
Ansicht von Schloss Eisgrub, um 1815
Gouache, 50 x 75 cm
Sammlungen des Fürsten von und zu Liechtenstein, Vaduz–Wien, Inv.-Nr. GR 579

157
Ferdinand Runk (1764–1834)
Der Grosse Teich im Park von Schloss Eisgrub, 1815
Gouache, 50 x 75 cm
Sammlungen des Fürsten von und zu Liechtenstein, Vaduz–Wien, Inv.-Nr. GR 580

158
Ferdinand Runk (1764–1834)
Ansicht von Schloss Eisgrub mit dem Aquädukt und dem Chinesischen Lusthaus, um 1815
Gouache, 50 x 75 cm
Sammlungen des Fürsten von und zu Liechtenstein, Vaduz–Wien, Inv.-Nr. GR 581

159
Ferdinand Runk (1764–1834)
Der Türkische Turm im Park von Schloss Eisgrub, um 1822
Gouache, 50 x 75 cm
Sammlungen des Fürsten von und zu Liechtenstein, Vaduz–Wien, Inv.-Nr. GR 592

160
Ferdinand Runk (1764–1834)
Der Park in Eisgrub mit Badhaus und Vorhalle der Orangerie, 1816
Gouache, 50 x 75 cm
Sammlungen des Fürsten von und zu Liechtenstein, Vaduz–Wien, Inv.-Nr. GR 604

161
Ferdinand Runk (1764–1834)
Aquädukt im Eisgruber Park, 1816
Gouache, 29,5 x 44 cm
Sammlungen des Fürsten von und zu Liechtenstein, Vaduz–Wien, Inv.-Nr. GR 608

162
Ferdinand Runk (1764–1834)
Die Hansenburg im Park von Schloss Eisgrub, 1818
Gouache, 50 x 75 cm
Sammlungen des Fürsten von und zu Liechtenstein, Vaduz–Wien, Inv.-Nr. GR 622

163
Ferdinand Runk (1764–1834)
Das Rendezvous bei Eisgrub, um 1815
Gouache, 50 x 75 cm
Sammlungen des Fürsten von und zu Liechtenstein, Vaduz–Wien, Inv.-Nr. GR 585

164
Ferdinand Runk (1764–1834)
Die Reistenkolonnade bei Feldsberg, 1817
Gouache, 50 x 75 cm
Sammlungen des Fürsten von und zu Liechtenstein, Vaduz–Wien, Inv.-Nr. GR 584

165
Ferdinand Runk (1764–1834)
Das Belvedere bei Feldsberg, 1822
Gouache, 50 x 75 cm
Sammlungen des Fürsten von und zu Liechtenstein, Vaduz–Wien, Inv.-Nr. GR 583

166
Ferdinand Runk (1764–1834)
Ansicht von Schloss Lundenburg, um 1817
Gouache, 50 x 75 cm
Sammlungen des Fürsten von und zu Liechtenstein, Vaduz–Wien, Inv.-Nr. GR 605

167
Ferdinand Runk (1764–1834)
Die Pohanska bei Lundenburg, um 1815
Gouache, 50 x 75 cm
Sammlungen des Fürsten von und zu Liechtenstein, Vaduz–Wien, Inv.-Nr. GR 586

168
Ferdinand Runk (1764–1834)
Blick auf Schloss Adamsthal, 1815
Gouache, 51 x 75 cm
Sammlungen des Fürsten von und zu Liechtenstein, Vaduz–Wien, Inv.-Nr. GR 597

169
Ferdinand Runk (1764–1834)
Die Kolonnade bei Adamsthal, 1815
Gouache, 51 x 75 cm
Sammlungen des Fürsten von und zu Liechtenstein, Vaduz–Wien, Inv.-Nr. GR 596

170
Ferdinand Runk (1764–1834)
Grotten in der Macocha, 1815–1817
Gouache, 50 x 75 cm
Sammlungen des Fürsten von und zu Liechtenstein, Vaduz–Wien, Inv.-Nr. GR 602

171
Ferdinand Runk (1764–1834)
Grotten in der Macocha bei Brünn, 1817
Gouache, 50 x 75 cm
Sammlungen des Fürsten von und zu Liechtenstein, Vaduz–Wien, Inv.-Nr. GR 600

172
Ferdinand Runk (1764–1834)
Schloss Neuschloss in Mähren, Rückansicht, 1814/15
Gouache, 50 x 75 cm
Sammlungen des Fürsten von und zu Liechtenstein, Vaduz–Wien, Inv.-Nr. GR 591

173
Ferdinand Runk (1764–1834)
Hadersfeld an der Donau, 1815
Gouache, 51 x 75 cm
bez. unten links: Runk 1815
Sammlungen des Fürsten von und zu Liechtenstein, Vaduz–Wien, Inv.-Nr. GR 598

174
Ferdinand Runk (1764–1834)
Blick auf den Kahlen- und Leopoldsberg, 1821
Gouache, 50,5 x 75 cm
Sammlungen des Fürsten von und zu Liechtenstein, Vaduz–Wien, Inv.-Nr. GR 578

175
Ferdinand Runk (1764–1834)
Blick auf Burg Mödling und die Brühl, 1813
Gouache, 50 x 75 cm
Sammlungen des Fürsten von und zu Liechtenstein, Vaduz–Wien, Inv.-Nr. GR 588

176
Ferdinand Runk (1764–1834)
Blick auf Burg Mödling und die Klausen, um 1813
Gouache, 50 x 75 cm
Sammlungen des Fürsten von und zu Liechtenstein, Vaduz–Wien, Inv.-Nr. GR 587

177
Ferdinand Runk (1764–1834)
Blick auf das Amphitheater, Veste und Schloss Liechtenstein bei Maria Enzersdorf, 1813
Gouache, 51 x 75 cm
bez. unten links: Lichtenstein 1813 Runk.pinxit
Sammlungen des Fürsten von und zu Liechtenstein, Vaduz–Wien, Inv.-Nr. GR 603

178
Ferdinand Runk (1764–1834)
Das liechtensteinische Schlösschen am Schüttel im Prater bei Wien, 1817
Gouache, 50 x 75 cm
Sammlungen des Fürsten von und zu Liechtenstein, Vaduz–Wien, Inv.-Nr. GR 595

179
Ferdinand Runk (1764–1834)
Das Gartenpalais in Wien, Fassade gegen die Fürstengasse, um 1816
Gouache, 50 x 75 cm
Sammlungen des Fürsten von und zu Liechtenstein, Vaduz–Wien, Inv.-Nr. GR 623

180
Ignaz Holle
Schloss, Nebengebäude, angrenzende Wälder, Tiergärten und Markt zu Eisgrub, 1798
Papier, Tusche, koloriert, 59,3 x 88 cm
bez. unten rechts: verfertiget von Ignatz Holle, Lust- und Orangeriegärttner in Eyßgrub 1798
Sammlungen des Fürsten von und zu Liechtenstein, Vaduz–Wien, Inv.-Nr. PK 398

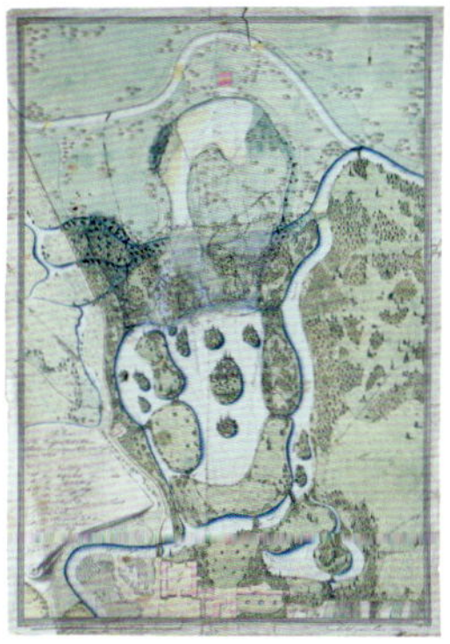

181
Unbekannt, 19. Jahrhundert
Park des Schlosses Eisgrub, nach 1809
Papier, Tusche, koloriert, 69,8 x 47,5 cm
Sammlungen des Fürsten von und zu Liechtenstein, Vaduz–Wien, Inv.-Nr. PK 357

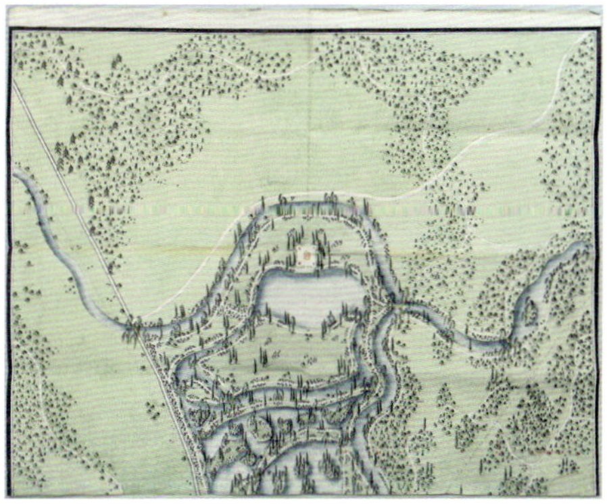

182
Joseph Lieska
Plan zur Umleitung der Thaya nördlich des Türkischen Turmes im Park des Schlosses Eisgrub (A), 1808
Federzeichnung, aquarelliert, 50 x 59,4 cm
Sammlungen des Fürsten von und zu Liechtenstein, Vaduz–Wien, Inv.-Nr. PK 801

183
Gregor Greger (1802–1835)
1te Ansicht des Schlosses Eisgrub in Mähren
Lithographie, 34 x 47,5 cm
bez. unten links: Greger lith.
Sammlungen des Fürsten von und zu Liechtenstein, Vaduz–Wien, Inv.-Nr. GR 2912

184
Johann Peter Pichler (1765–1807)
Der Türkische Turm in Eisgrub mit den vier Pavillons
Schabkunstblatt, 49,3 x 64,1 cm
bez. unten rechts: J. Pichler Sculpsit.
Sammlungen des Fürsten von und zu Liechtenstein, Vaduz–Wien, Inv.-Nr. GR 2910

185
Laurenz Janscha (1749–1812)
gestochen von Johann Andreas Ziegler (1749–1802)
verlegt von Johann Cappi
Das Chinesische Lusthaus im Fürstl. Liechtensteinischen Park zu Eisgrub
Radierung, koloriert, Platte: 31,8 x 41,3 cm, Blatt: 41,9 x 53,7 cm
bez. unten rechts: Gestochen von J. Ziegler
bez. unten links: Gezeichnet von L. Janscha
Sammlungen des Fürsten von und zu Liechtenstein, Vaduz–Wien, Inv.-Nr. GR 2915

186
Willibald Schulmeister (1851–1909)
Das Chinesische Lusthaus in Eisgrub, 1877
Aquarell, 42 x 53,6 cm
bez. unten links: W. Schulmeister Juli 1877
Sammlungen des Fürsten von und zu Liechtenstein, Vaduz–Wien, Inv.-Nr. GR 1876

187
Laurenz Janscha (1749–1812)
gestochen von Johann Andreas Ziegler (1749–1802)
verlegt von Artaria und Comp.
Der Diana Tempel in Eisgrub
Radierung, koloriert, Platte: 32,6 x 41,2 cm, Blatt: 33,4 x 43,1 cm
bez. unten rechts: Gestochen von J. Ziegler
bez. unten links: Gezeichnet von L. Janscha
Sammlungen des Fürsten von und zu Liechtenstein, Vaduz–Wien, Inv.-Nr. GR 775

188
Ferdinand Runk (1764–1834), zugeschrieben
Das Badhaus im Park von Schloss Eisgrub
Gouache, 20,1 x 24,6 cm (oval)
Sammlungen des Fürsten von und zu Liechtenstein, Vaduz–Wien, Inv.-Nr. GR 613

189
Rudolf von Alt (1812–1905)
Ansicht von Schloss Eisgrub vor dem neugotischen Umbau, um 1830
Aquarell, 13,7 x 19,4 cm
Sammlungen des Fürsten von und zu Liechtenstein, Vaduz–Wien, Inv.-Nr. GR 28

190
Ferdinand Runk (1764–1834)
Tableau mit fünf Gartenansichten
abgebildet: *Schloss Eisgrub*
Feder in Braun und Grau, stellenweise laviert, 14,5 x 11,5 cm
Kupferstichkabinett der Akademie der bildenden Künste Wien, Inv.-Nr. HZ 5704 bis HZ 5708

191
Josef Höger (1801–1877)
Blick in den Park des Schlosses Eisgrub
Aquarell über Bleistift, 25 x 33,3 cm
Sammlungen des Fürsten von und zu Liechtenstein, Vaduz–Wien, Inv.-Nr. GR 1499

192
Josef Höger (1801–1877)
Blick in den Park des Schlosses Eisgrub, Skizze zum Aquarell
Aquarellskizze, 19,6 x 31,1 cm
bez. unten links: Höger
Sammlungen des Fürsten von und zu Liechtenstein, Vaduz–Wien, Inv.-Nr. GR 1535

193
Franz Kaliwoda (um 1820–1859)
gestochen von August Haun (1815–1894)
Ansicht von Schloss Eisgrub
Lithographie, koloriert, 18,7 x 26 cm
Sammlungen des Fürsten von und zu Liechtenstein, Vaduz–Wien, Inv.-Nr. GR 3022

194
Rudolf von Alt (1812–1905)
Innenansicht des Palmenhauses von Schloss Eisgrub, 1842
Aquarell, 25,3 x 34 cm
bez. unten links: R. Alt 184. (wohl 1842 oder evtl. 1841)
Sammlungen des Fürsten von und zu Liechtenstein, Vaduz–Wien, Inv.-Nr. GR 66

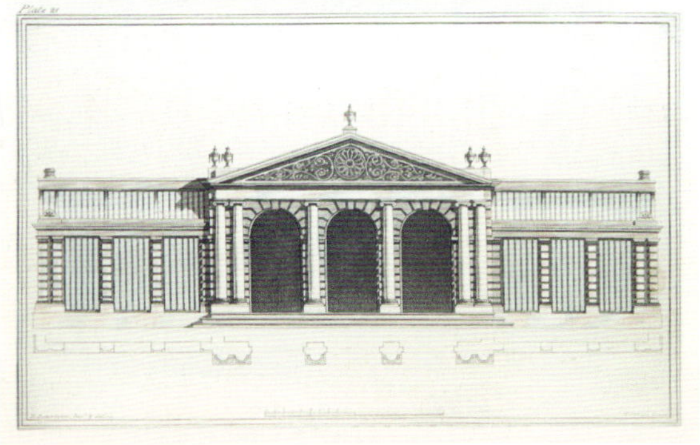

195
William Robertson
Aufriss eines Glashauses
Aus: *A Collection Of Various Forms Of Stoves, Used For Forcing Pine Plants, Fruit Trees, And Preserving Tender Exotics*, London, 1798, Tafel 21
bez. unten links: W. Robertson. Inv. & delin.
bez. unten rechts: H. Schutz Sculp.
Esterházy Privatstiftung, Schloss Eisenstadt – Bibliothek, Inv.-Nr. LE-15145

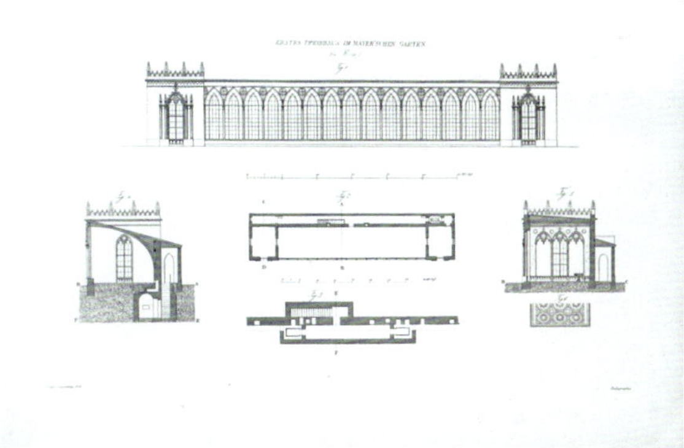

196
Pietro Nobile (1774–1854)
Erstes Treibhaus im Mayer'schen Garten
Allgemeine Bauzeitung, 1838, 2. Jahrgang, Tafel 240
Sammlungen des Fürsten von und zu Liechtenstein, Vaduz–Wien,
Bibliothek, Signatur 35–1–1

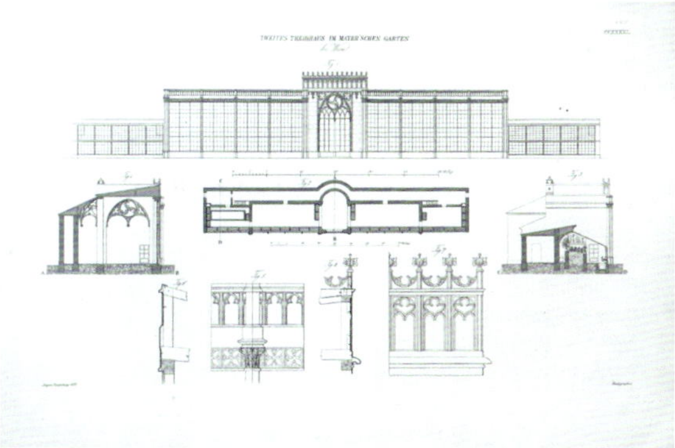

197
Pietro Nobile (1774–1854)
Zweites Treibhaus im Mayer'schen Garten
Allgemeine Bauzeitung, 1838, 2. Jahrgang, Tafel 241
Sammlungen des Fürsten von und zu Liechtenstein, Vaduz–Wien,
Bibliothek, Signatur 35–1–1

198
Johann Wilhelm Weinmann (1683–1741)
Lilium Martagon miniatum, Lilium Martagon Bizantium, Lilium Martagon flavum
Aus: *Phytanthoza-iconographia …*
4 Teile in 8 Bänden, Regensburg, 1737–45, Fol. Pgt., Tafel 660
Sammlungen des Fürsten von und zu Liechtenstein, Vaduz–Wien,
Bibliothek, Signatur L–3–21

199
Joseph Anton Bauer (1756–1831)
Solanum melongena L.
Aus: *Hortus Botanicus, Pflanzen gesammelt vom Prior Norbert Boccius*
(14 Bände), 1776–1804
Gouache, 53 x 39,5 cm
Sammlungen des Fürsten von und zu Liechtenstein, Vaduz–Wien, Inv.-Nr. GR 527

200
Joseph Anton Bauer (1756–1831)
Solanum pomum amoris
Aus: *Hortus Botanicus, Pflanzen gesammelt vom Prior Norbert Boccius* (14 Bände), 1776–1804
Gouache, 53 x 39,5 cm
Sammlungen des Fürsten von und zu Liechtenstein, Vaduz–Wien, Inv.-Nr. GR 527

201
Ferdinand Bauer (1760–1826)
Doryanthes excelsa.
Aus: *Illustrationes Florae novae Hollandiae*, London 1813
Umrissradierung, aquarelliert, Platte: 37,6 x 25,4 cm, Blatt: 50,7 x 34,4 cm
bez. unten links: Ferd. Bauer
Sammlungen des Fürsten von und zu Liechtenstein, Vaduz–Wien,
Bibliothek, Signatur 7346

202
Ferdinand Bauer (1760–1826)
Banksia coccinea
Aus: *Illustrationes Florae novae Hollandiae*, London 1813
Umrissradierung, aquarelliert, Platte: 38,9 x 25,3 cm, Blatt: 50,7 x 34,4 cm
bez. unten links: Ferd. Bauer
Sammlungen des Fürsten von und zu Liechtenstein, Vaduz–Wien,
Bibliothek, Signatur 7346

203
Franz Antoine (1768–1834)
Blutfärbiger Härtling
Aus: *Abbildung von 51 Pfirsiche Gattungen nach der Natur*, 1821
Umrissradierung, aquarelliert
Esterházy Privatstiftung, Schloss Eisenstadt – Bibliothek
Inv.-Nr. LE-15212

204
Kaiserliche Porzellanmanufaktur Wien (Epoche Sorgenthal)
Runde Aufsatzschale mit Untersatz, um 1805
Porzellan, unterglasurblauer Bindenschild, Korb: 17 x 23,5 cm, Untertasse: 4,5 x 29,5 cm
Jahresstempel 1805, Weissdreherzeichen C
Sammlungen des Fürsten von und zu Liechtenstein, Vaduz–Wien, Inv.-Nr. PO 17

205
Kaiserliche Porzellanmanufaktur Wien (Epoche Sorgenthal)
Deckelkanne mit Gras- und Blumendekor >en terasse<, um 1805
Porzellan, Aufglasurfarben, Goldrelief, Gold, unterglasurblauer Bindenschild,
Höhe: 21,5 cm
Sammlungen des Fürsten von und zu Liechtenstein, Vaduz–Wien, Inv.-Nr. PO 25

206
Johann Vincenz Reim (1796–1858)
Neuhof in Eisgrub
Radierung, koloriert, Platte: 13 x 18,6 cm, Blatt: 17 x 22,8 cm
bez. unten rechts: V:R:
Sammlungen des Fürsten von und zu Liechtenstein, Vaduz–Wien, Inv.-Nr. GR 2933

207
Unbekannt
Plan des Rendevous in Feldsberg, 1827
Federzeichnung, 35,5 x 51,5 cm
Sammlungen des Fürsten von und zu Liechtenstein, Vaduz–Wien, Inv.-Nr. PK 825

208
Josef Höger (1801–1877)
Das Grenzschloss am Bischofwarther Teich, 1839
Aquarell, 24,5 x 32,4 cm
bez. unten links: J. Höger 1839
Sammlungen des Fürsten von und zu Liechtenstein, Vaduz–Wien, Inv.-Nr. GR 991

209
Josef Höger (1801–1877)
Blick von der Terrasse des Grenzgebäudes über den Bischofswarther Teich, 1839
Aquarell über Bleistift, 31,5 x 23,3 cm
bez. unten links: J. Höger, 1839
Sammlungen des Fürsten von und zu Liechtenstein, Vaduz–Wien, Inv.-Nr. GR 351

210
Johann Vincenz Reim (1796–1858)
Der Apollotempel im Park von Eisgrub
Radierung, koloriert, Platte: 13,2 x 18,7 cm, Blatt: 18,9 x 24,2 cm
bez. unten rechts: V:Reim
Sammlungen des Fürsten von und zu Liechtenstein, Vaduz–Wien, Inv.-Nr. GR 2937

211
H. Hummitzsch
Adamsthal
Stahlstich, 10,9 x 16,3 cm
bez. unten rechts: Hummitzsch ad nat: del. et sc.
Sammlungen des Fürsten von und zu Liechtenstein, Vaduz–Wien, Inv.-Nr. GR 2907

212
H. Hummitzsch
Ansicht der Ruine Nowihrad in Adamsthal in Mähren
Stahlstich, 10,9 x 16,8 cm
bez. unten links: Kunike lith.
Sammlungen des Fürsten von und zu Liechtenstein, Vaduz–Wien, Inv.-Nr. GR 2941

213
Adolph Kunike (1777–1838)
Ansicht von der Becjscala in Adamsthal in Mähren
Lithographie, 27,9 x 34,3 cm
bez. unten links: Kunike lith.
Sammlungen des Fürsten von und zu Liechtenstein, Vaduz–Wien, Inv.-Nr. GR 2905

214
E. W. Knippel und Rieden
A. Fürstlich Liechtenstein'sches Eisenwerkes Aloistal in Mähren, 19. Jh.
Lithographie, 31,3 x 44,6 cm
Sammlungen des Fürsten von und zu Liechtenstein, Vaduz–Wien, Inv.-Nr. GR 3023

215
Karl Viehbeck (1769–1827)
radiert von Johann Adam Klein (1792–1875)
Ansicht von Schloss und Ruine Liechtenstein bei Maria Enzersdorf, 1816/17
Radierung, koloriert, Platte: 15,1 x 22,6 cm, Blatt: 23,8 x 30,6 cm
Sammlungen des Fürsten von und zu Liechtenstein, Vaduz–Wien, Inv.-Nr. GR 2482

216
Benedikt Piringer (1780–1826)
Vue des Gorges de Brüll prè de Vienne
Stahlstich, Platte: 11,3 x 15,6 cm, Blatt: 17,6 x 21,9 cm
bez. unten rechts: Piringer sculp.
Sammlungen des Fürsten von und zu Liechtenstein, Vaduz–Wien, Inv.-Nr. GR 2959

217
Benedikt Piringer (1780–1826)
Eine Gegend bey Anfang der Brill
Stahlstich, Platte: 25,5 x 32 cm
bez. unten links: Nach der Natur gezeichnet und
bez. unten rechts: gestochen von B. Piringer
Sammlungen des Fürsten von und zu Liechtenstein, Vaduz–Wien, Inv.-Nr. GR 3025

218
Heuer
verlegt von Adolph Kunike (1777–1838)
Ansicht der Ruine Johannstein in Niederösterreich
Lithographie, Platte: 19,1 x 26 cm, Blatt: 24 x 32,9 cm
bez. unten rechts: ged. bei Dr. Kunike
bez. unten links: gez. v. Heuer
Sammlungen des Fürsten von und zu Liechtenstein, Vaduz–Wien, Inv.-Nr. GR 2965

219
Anton Koepp Edler von Felsenthal (1766–1826)
Ansicht der Burg Medling
Radierung, laviert, Platte: 31,7 x 38,6 cm, Blatt: 38,5 x 48,9 cm
bez. unten links: Nach der Natur gezeichnet
bez. unten rechts: und geätzt, von A. Köpp v. Felsenthal
Sammlungen des Fürsten von und zu Liechtenstein, Vaduz–Wien, Inv.-Nr. GR 2895

220
Ignace Duvivier (1758–1832)
gedruckt von Reiffenstein & Rösch
Haus und Garten des Casanova in der Brühl mit Blick auf die Ruine der Burg Mödling
Radierung, Platte: 23,2 x 29,1 cm, Blatt: 23,8 x 29,7 cm
Sammlungen des Fürsten von und zu Liechtenstein, Vaduz–Wien, Inv.-Nr. GR 2876

221
Johann Adam Klein (1792–1875)
verlegt von Artaria und Comp.
Das alte Schloss Lichtenstein in Unter Österreich, 1812
Radierung, koloriert, Platte: 32,2 x 42 cm, Blatt: 33,3 x 44,3 cm
bez. unten rechts: Nach der Natur gezeich. u: radirt v. J.A. Klein 1812
Sammlungen des Fürsten von und zu Liechtenstein, Vaduz–Wien, Inv.-Nr. GR 730

222
Unbekannt, 19. Jahrhundert
Ansicht der Ruine Liechtenstein bei Maria Enzersdorf,
auf der Rückseite *Blick auf Burg Mödling und die Klausen*, 19. Jh.
Bleistift, Tusche, aquarelliert, 21 x 33,5 cm
Sammlungen des Fürsten von und zu Liechtenstein, Vaduz–Wien, Inv.-Nr. GR 692

223
Laurenz Janscha (1749–1812)
gestochen von Johann Andreas Ziegler (1749–1802)
verlegt von F. X. Stöckl
Ansicht der Feste Liechtenstein und des neuen Schlosses
Radierung, koloriert, Platte: 33,9 x 42,5 cm, Blatt: 34,3 x 42,8 cm
bez. unten rechts: Ziegler sc.
bez. unten links: L. Janscha del.
Sammlungen des Fürsten von und zu Liechtenstein, Vaduz–Wien, Inv.-Nr. GR 776

224
Rudolf von Alt (1812–1905)
Die Ruine Liechtenstein mit Blick auf Schloss Liechtenstein bei Mödling
Aquarell, 12,7 x 18,5 cm
Sammlungen des Fürsten von und zu Liechtenstein, Vaduz–Wien, Inv.-Nr. GR 83

225
Joseph Hardtmuth (1758–1816)
Entwurf der Pyramide auf dem Anninger bei Mödling (Ansicht und Schnitt), 1811
Feder über Bleistift auf Papier, laviert, 70,3 x 51,2 cm
Sammlungen des Fürsten von und zu Liechtenstein, Vaduz–Wien, Inv.-Nr. PK 821

226
Joseph Hardtmuth (1758–1816)
Entwurf für die Trajanische Säule auf dem Anninger bei Mödling, 1811
Feder über Bleistift auf Papier, laviert, 51,3 x 35,4 cm
Sammlungen des Fürsten von und zu Liechtenstein, Vaduz–Wien, Inv.-Nr. PK 558

227
Thomas Ender (1793–1875)
Husarentempel in der Brüll, 19. Jh.
Radierung, Platte: 7,5 x 11,5 cm, Blatt: 12 x 19,5 cm
Sammlungen des Fürsten von und zu Liechtenstein, Vaduz–Wien, Inv.-Nr. GR 2468

228
Johann Vincenz Reim (1796–1858)
Die Meierei in der Brühl bei Mödling
Radierung, koloriert, Platte: 12,6 x 18,5 cm, Blatt: 13,2 x 20 cm
bez. unten rechts: Reim dl: &: Sc:
Sammlungen des Fürsten von und zu Liechtenstein, Vaduz–Wien, Inv.-Nr. GR 2948

229
Gottfried Seelos (1829–1900)
Schweizerhaus und Meierei, 1858
Lithographie, mit mehreren Platten gedruckt, 34,8 x 53,5 cm
bez. im Bild unten links: GSeelos 858
bez. unten links: Gez. u. lith. v. Gottf. Seelos
Sammlungen des Fürsten von und zu Liechtenstein, Vaduz–Wien, Inv.-Nr. GR 2873

230
Johann Novopacky (1821–1908)
verlegt von F. Paterno
Die grosse Wiese (von der Meierei aus gesehen)
Lithographie, mit mehreren Platten gedruckt, 34,9 x 51 cm
bez. im Bild unten rechts: JNovopacky
bez. unten rechts: Gez. u. lith. v. J. Novopacký
Sammlungen des Fürsten von und zu Liechtenstein, Vaduz–Wien, Inv.-Nr. GR 2872

231
Laurenz Janscha (1749–1812)
gestochen von Johann Ziegler (1749–1802)
Ansicht des Felsschlosses Greifenstein an der Donau
Radierung, koloriert, 33,2 x 43,5 cm
bez. unten rechts: J. Ziegler sc.
bez. unten links: L. Janscha del.
Sammlungen des Fürsten von und zu Liechtenstein, Vaduz–Wien, Inv.-Nr. GR 2957

232
Anton Koepp Edler von Felsenthal (1766–1826)
Greifenstein
Radierung, Tusche laviert, Platte: 32,8 x 39,6 cm, Blatt: 43 x 52,7 cm
bez. unten links: Nach der Natur gezeichnet
bez. unten rechts: u: geäzt v. A. Köpp v. Felsenthal
Sammlungen des Fürsten von und zu Liechtenstein, Vaduz–Wien, Inv.-Nr. GR 2949

233
Johann Adam Klein (1792–1875)
Das Bergschloss Greifenstein an der Donau, 1812
Radierung, koloriert, Platte: 32 x 41,1 cm, Blatt: 33,3 x 43 cm
bez. unten rechts: Nach der Natur gezeich. u. radirt v. J. A. Klein 1812
Sammlungen des Fürsten von und zu Liechtenstein, Vaduz–Wien, Inv.-Nr. GR 2956

234
Johann Adam Klein (1792–1875)
Schloss Greifenstein an der Donau, 1812
Aquarell mit Bleistift, 19,4 x 15,1 cm
bez.: Schloss Greifenstein an der Donau gez.v.J.A.Klein 1812
Sammlungen des Fürsten von und zu Liechtenstein, Vaduz–Wien, Inv.-Nr. GR 1563

235
Gottlob Samuel Mohn (1789–1825)
Ranftbecher mit Ansicht von Schloss Greifenstein, um 1815
Glas, Email, 10,9 x 9,1 cm
bez.: Mohn (in Gold)
Sammlungen des Fürsten von und zu Liechtenstein, Vaduz–Wien, Inv.-Nr. GL 68

236
Josef Höger (1801–1877)
Ansicht des Palais Rasumofsky, 2. Viertel 19. Jh.
Aquarell, 22,2 x 33,1 cm
Sammlungen des Fürsten von und zu Liechtenstein, Vaduz–Wien, Inv.-Nr. GR 1004

237
Josef Höger (1801–1877)
Blick von der Terrasse des Palais Rasumofsky in Wien, Studie zum Aquarell, 1837
Aquarell über Bleistift, 18,8 x 24,5 cm
Sammlungen des Fürsten von und zu Liechtenstein, Vaduz–Wien, Inv.-Nr. GR 350

238
Josef Höger (1801–1877)
Blick von der Terrasse des Palais Rasumofsky in Wien, 1837
Aquarell über Bleistift, 22,5 x 32,3 cm
Sammlungen des Fürsten von und zu Liechtenstein, Vaduz–Wien, Inv.-Nr. GR 349

239
Josef Höger (1801–1877)
Blick aus einem Gartenpavillon auf das Palais Rasumofsky, 2. Viertel 19. Jh.
Aquarell über Bleistift, 23,8 x 30,5 cm
Sammlungen des Fürsten von und zu Liechtenstein, Vaduz–Wien, Inv.-Nr. GR 796

240
Unbekannt
Blick in den Rasumofsky Garten in Wien
Radierung, koloriert, Platte: 17,3 x 22,5 cm, Blatt: 23,9 x 19 cm
bez. unten Mitte: Vue du jardin de S.E. / Mgr. le Cte de Rasumovsky à Vienne
Ansicht des Gartens S.E. / des Grafen von Rasumovsky zu Wien.
bez. oben rechts Plattennummer: 10
bez. auf der Rückseite unten rechts: Sammlerstempel mit Wappen mit Krone (in Blau)
Sammlungen des Fürsten von und zu Liechtenstein, Vaduz–Wien, Inv.-Nr. GR 3024

241
Norbert Bittner (1786–1851)
Hauptfassade des Schlössels am Schüttel im Prater
Radierung, Platte: 13,1 x 15,1 cm, Blatt: 24,2 x 20,3 cm
bez. unten links: Nach der Natur v. F. Wolf, 832
bez. unten rechts: N: Bittner f.sc
Sammlungen des Fürsten von und zu Liechtenstein, Vaduz–Wien, Inv.-Nr. GR 2980

242
Joseph Trentsensky (1793–1839)
Die Fürst. Liechtensteinschen Stallungen an der Donau
Lithographie, 14,3 x 17,6 cm
bez. unten rechts: N°. 22 Lith. u. zu haben bey J. Trentsensky in Wien
Sammlungen des Fürsten von und zu Liechtenstein, Vaduz–Wien, Inv.-Nr. GR 2977

243
Eduard Gurk (1801–1841)
Der Rosenbaum'sche Garten mit Blick auf den Turm
Umrissradierung, aquarelliert, 12 x 16,4 cm
bez. unten Mitte: Gurk' ad nat. del. et sc.
Privatbesitz, Wien

244
Matthäus Loder (1781–1828)
Mädchen schmücken einen Pavillon
Tuschezeichnung, laviert, 14,4 x 18 cm
bez. rückwärts: 30 Loder, Loder (Wien)
Sammlungen des Fürsten von und zu Liechtenstein, Vaduz–Wien, Inv.-Nr. GR 2926

245
Franz Anton Zauner (1746–1822)
Brunnenskulptur einer Nymphe mit Putto
Blei-Zinn-Legierung, 112 x 235 x 90 cm
Sammlungen des Fürsten von und zu Liechtenstein, Vaduz–Wien, Inv.-Nr. SK 1408

246
Bartholomeo Ferrari (1780–1844)
Dreiseitiges Postament mit Sockel, 1818
Carrara-Marmor, 88 x 63,5 x 43 cm
bez.: BA FERRARI.F.A.1818
Sammlungen des Fürsten von und zu Liechtenstein, Vaduz–Wien, Inv.-Nr. SK 1472

247
Antonio Bosa (1780–1845)
Dreiseitiges Postament mit Sockel, 1818
Carrara-Marmor, 88 x 63,5 x 43 cm
bez.: ANT.BOSA. F.A. 1818
Sammlungen des Fürsten von und zu Liechtenstein, Vaduz–Wien, Inv.-Nr. SK 1472

AUSGEWÆHLTE LITERATUR

Buttlar, Adrian von: *Der Landschaftsgarten*, München 1980

Ehmke, Cornelia: *Der Schlossgarten von Eisenstadt/Kismarton. Ein Landschaftsgarten des Fürsten Nikolaus II. Esterházy;* in: *Burgenländische Heimatblätter*, Heft 2 (Jg. 63/2001), S. 43–95

De Bay, Philip/Bolton, James: *Gartenkunst im Spiegel der Jahrhunderte*, München 2000

Berger, Eva: *»Nach Mittag: ah! Das ist der erwartete Punkt«. Gärten und Parks in Wien und Umgebung und ihre Besucher in der zweiten Hälfte des 18. Jahrhunderts;* in: *Die Gartenkunst*, Heft 2 (2007), S. 309–324

Hájos, Géza: *Romantische Gärten der Aufklärung. Englische Landschaftskultur des 18. Jahrhunderts in und um Wien*, Wien–Köln 1989

Hájos, Géza: *Peter Joseph Lenné und Laxenburg. Die Bedeutung des wiederaufgefundenen Lenné-Planes für den kaiserlichen Park in Laxenburg bei Wien;* in: *Die Gartenkunst*, Heft 1 (2001), S. 1–17

Hájos, Géza (Hrsg.): *Der malerische Landschaftsgarten in Laxenburg bei Wien*, mit Beiträgen von Edit Bódi, Annedore Brock, Géza Hajós, Lieselotte Hanzl-Wachter, Elena Holzhausen und Michaela C. Schober. Eine Publikation der Österreichischen Gesellschaft für Historische Gärten, Wien–Köln–Weimar 2006

Hallbaum, Franz: *Der Landschaftsgarten. Sein Entstehen und seine Einführung in Deutschland durch Friedrich Ludwig von Sckell 1750–1823*, München 1927

Hennebo, Dieter/Hoffmann, Alfred: *Geschichte der deutschen Gartenkunst*, 3 Bde., Hamburg 1962/1963/1965

Hirschfeld, Christian Cay Lorenz: *Theorie der Gartenkunst*, Leipzig 1775

Kalamár, Stefan: *Daten zu Leben und Werk des Pariser Architekten Charles Moreau zwischen 1760 und 1803;* in: *Österreichische Zeitschrift für Kunst- und Denkmalpflege*, Heft 4 (2001), S. 459–485

Kalamár, Stefan: *Daten zu Leben und Werk des Pariser Architekten Charles Moreau zwischen 1803 und 1813;* in: *Acta Historiae Artium Academiae Scientiarum Hungaricae*, Teil 45 (2004), Budapest 2004, S. 109–169

Körner, Stefan: *Les jardins du prince Nicolas II;* in: Starcky, Emmanuel (Hrsg.): *Nicolas II Esterházy. 1765–1833. Un prince hongrois collectioneur*, Paris 2008, S. 52–65

Körner, Stefan: *Die Gärten des Fürsten Aloys von Liechtenstein. Gartenkunst in gesellschaftlichen Umbruchzeiten;* Sonderdruck aus: *Jahrbuch des Historischen Vereins für das Fürstentum Liechtenstein*, Bd. 104, 2005, S. 86–136

Lablaude, Pierre-André: *Die Gärten von Versailles*, Worms am Rhein 1995

Lack, Hans Walter: *Ein Garten für die Ewigkeit. Der Codex Liechtenstein*, hrsg. von der Kunststiftung der LGT Bank in Liechtenstein und den Sammlungen des Fürsten von Liechtenstein, Bern 2000

Prost, Franz (Hrsg.): *Der Natur und Kunst gewidmet. Der Esterházysche Schlosspark in Eisenstadt*, Wien–Köln–Weimar 2001

Schober, Michaela: *Der Eisenstädter Schlosspark. Die Entstehungsgeschichte des englischen Landschaftsgartens und seine Entwicklung bis Anfang des 20. Jahrhunderts;* in: *Burgenländische Heimatblätter*, Jg. 63 (2001), Heft 2, S. 97–124

Stekl, Hannes: *Österreichs Aristokratie im Vormärz. Herrschaftsstil und Lebensformen der Fürstenhäuser Liechtenstein und Schwarzenberg*, Wien 1973

Vaupel, Günter J. (Hrsg.): *Pückler-Muskau. Andeutungen über Landschaftsgärtnerei*, Frankfurt am Main 1988

Witzmann, Reingard: *Hieronymus Löschenkohl. Bildreporter zwischen Barock und Biedermeier*, Wien 1978

AUSSTELLUNGSKATALOGE

Der elegante Gaumen, von Anton Hüppmann, Pest 1835

Hieronymus Löschenkohl 1753–1807, Historisches Museum der Stadt Wien, Wien 1959

Wiener Porzellan. 1718–1864, von Wilhelm Mrazek, Waltraud Neuwirth, Österreichisches Museum für angewandte Kunst, Wien, Wien 1970

Tafelzier des Barock, von Stefan Bursche, München 1974

Klassizismus in Wien. Architektur und Plastik, Historisches Museum der Stadt Wien, Wien 1978

Die Grüne Welt der Habsburger. Botanik – Gartenbau – Expeditionen – Experimente, von Christa Riedl-Dorn, Naturhistorisches Museum Wien, Wien 1989

Wiener Landschaften, Historisches Museum der Stadt Wien, Wien 1994

Die Fürsten Esterházy. Magnaten, Diplomaten und Mäzene, Eisenstadt 1995

Gartenkunst. Bilder und Texte von Gärten und Parks, Historisches Museum der Stadt Wien, Wien 2002

Biedermeier im Haus Liechtenstein, hrsg. von Johann Kräftner, Kunstmuseum Liechtenstein Vaduz, LIECHTENSTEIN MUSEUM WIEN, München 2005

Barocker Luxus Porzellan, hrsg. von Johann Kräftner, LIECHTENSTEIN MUSEUM WIEN, München 2005

Marie-Antoinette, hrsg. von David Guillet, Galeries nationales du Grand Palais, Paris, Paris 2008

IMPRESSUM

Diese Publikation erscheint anlässlich der Ausstellung »OASEN DER STILLE. Die grossen Landschaftsgärten in Mitteleuropa« im LIECHTENSTEIN MUSEUM von 6. Juni bis 18. November 2008.

KONZEPTION UND GESTALTUNG
Johann Kräftner

WISSENSCHAFTLICHE MITARBEIT
Alexandra Hanzl, Kathrine Klopf-Weiss, Artur Stögmann

ŒFFENTLICHKEITSARBEIT
Christina Lipovac

REGISTRAR, AUFBAU, KOORDINATION
Brigitte Lackner, Michael Schweller

RESTAURATORISCHE BETREUUNG
Bettina Dräxler, Peter Hanzer, Ruth Klebel, Helga Musner, Tanja Neuhorn, Robert Wald, Hannes Weiss

© 2008 LIECHTENSTEIN MUSEUM, Wien

LIECHTENSTEIN MUSEUM Gmbh
Fürstengasse 1, A-1090 Wien
Tel +43-1-319 57 67–252
Fax +43-1-319 57 67–20
www.liechtensteinmuseum.at

ABBILDUNGSNACHWEIS
Umschlagabbildung Titelbild: Josef Höger, Blick aus einem Gartenpavillon auf das Palais Rasumofsky, 2. Viertel 19. Jh. (Detail; vgl. Kat.-Nr. 239)

S. 6/7: Ludwig Ferdinand Schnorr von Carolsfeld, Die breite Föhre nächst der Brühl bei Mödling, 1838 (Detail; vgl. Kat.-Nr. 154)

S. 12: Josef Rebell, Waldige Landschaft mit einem Tempel, 1809 (Detail; vgl. Kat.-Nr. 13)

S. 18: Joseph Anton Bauer, Solanum pomum amoris, aus: Hortus Botanicus, Pflanzen gesammelt vom Prior Norbert Boccius (6 Bände), 1776–1804 (Detail; vgl. Kat.-Nr. 200)

S. 28: Laurenz Janscha, Der gotische Tempel auf dem fürstlich Galitzin'schen Landgute (Predigtstuhl), um 1790 (Detail; vgl. Kat.-Nr. 29)

S. 36: Laurenz Janscha, radiert von Johann Andreas Ziegler, Die Ruine in dem Garten des K.K. Lustschlosses von Schönbrunn, 1785 (Detail; vgl. Kat.-Nr. 24)

S. 44/45: Ferdinand Runk, Blick vom Türkischen Turm auf Park und Schloss Eisgrub, 1815 (Detail; vgl. Kat.-Nr. 155)

S. 50: Manufaktur Du Paquier Wien, Schokoladebecher, um 1730 (vgl. Kat.-Nr. 34)

S. 56: Jakob Alt, Das Amphitheater bei Mödling, 1813 (Detail; vgl. Kat.-Nr. 25)

S. 58/59: Carl Schütz, Ansicht der grossen Allee im Prater beym Cafféehaus, 3. Viertel 19. Jh., (vgl. Kat.-Nr. 62)

S. 64: Wilhelm Kobell, Unterhaltung zu Pferde im Prater bey dem Panorama, 19. Jh. (Details, vgl. Kat.-Nr. 55)

S. 70: Willibald Schulmeister, Das Chinesische Lusthaus in Eisgrub, 1877 (Detail; vgl. Kat.-Nr. 186)

S. 74/75: Johann Nepumuk Höchle, gestochen von Franz Wolf, Kaiser Franz und seine Familie in Laxenburg, aus: Hauptmomente aus dem Leben Sr. Majestät Franz I. Kaisers von Österreich apostol. Königs, 1807 (Detail; vgl. Kat.-Nr. 90)

S. 78: Der Ehrenhof und die Südfassade des Gartenpalais Liechtenstein in der Rossau, Foto um 1900

S. 84: Johann Adam Klein, Das Bergschloss Greifenstein an der Donau, 1812 (Detail; vgl. Kat.-Nr. 233)

S. 94: Albert Christoph Dies, Leopoldinentempel mit Teich, 1807 (Detail; vgl. Kat.-Nr. 138)

S. 100/101: Rudolf von Alt, Ansicht von Schloss Eisgrub vor dem neugotischen Umbau, um 1830 (Detail; vgl. Kat.-Nr. 189)

S. 165: Gartenbank, spätes 19. Jahrhundert, Gusseisen und Holz, Österreichisches Gartenbaumuseum Kat.-Nr. 248

Alle Abbildungen stammen aus den Sammlungen des Fürsten von und zu Liechtenstein, Vaduz–Wien
Mit Ausnahme von:

Belvedere, Wien: S. 6/7, Kat.-Nr. 154; Daniel Katz Ltd, London: S. 14 oben, Kat.-Nr. 14; Kupferstichkabinett der Akademie der bildenden Künste Wien: S. 15 unten; Kat.-Nr. 16, 120, 121, 190; Esterházy Privatstiftung: S. 17 unten, 94, 96, 98 oben, Kat.-Nr. 12, 19, 36, 38, 87, 132, 136, 138–141, 144, 148, 195, 203; Albertina: S. 28, 61, 76 unten, 77 rechts, Kat.-Nr. 29, 31, 97–100, 109; Wien Museum: S. 31 unten, 38/39, 43, 62; Kat.-Nr. 23, 39, 43, 63, 102; NÖ Landesbibliothek: S. 32 unten, 34 oben; Kat.-Nr. 27, 28, 104, 106, 113, 119; ÖNB Wien: S. 55 oben; Magyar Országos Levéltar (Ungarisches Staatsarchiv), Budapest): S. 97, 98 unten, Kat.-Nr. 137, 142, 145, 146; Szépmûvészeti Múzeum, Budapest: Kat.-Nr. 143, 147; Galerie Sanct Lucas, Wien: Kat.-Nr. 2; Bundesmobilienverwaltung, Wien: Kat.-Nr. 51; Österreichisches Gartenbaumuseum, Wien: Kat.-Nr. 52, 248; Fürstlich Schwarzenberg'sche Kunststiftung, Vaduz: Kat.-Nr. 70

REDAKTION
Alexandra Hanzl

BILDREDAKTION
Michael Schweller

FOTOS
image industry, Brunn/Geb.; Fotostudio Preute, Vaduz; Sammlungen des Fürsten von und zu Liechtenstein, Vaduz–Wien

LEKTORAT
Johann Lehner

GESTALTUNG
Johann Kräftner, Elisabeth Tampermeier

HERSTELLUNG, SATZ UND LITHOGRAFIE
Elisabeth Tampermeier

DRUCK UND BINDUNG
Grasl Druck & Neue Medien, A-2540 Bad Vöslau
www.grasl.eu

Gedruckt in Österreich auf chlorfrei gebleichtem Papier

ISBN 978-3-85033-231-6

Christian Brandstätter Verlag
GmbH & Co KG
A-1080 Wien, Wickenburggasse 26
Telefon (+43-1) 512 15 43-0
Telefax (+43-1) 512 15 43-231
E-Mail: info@cbv.at
www.cbv.at